GNU/Linux
Edubuntu

Yolanda Casas González
Óscar Soria Comas

iniciació

Altaria

Il·lustracions: Barcala

GNU/Linux. Edubuntu. Iniciació

Editat per:
PUBLICACIONS ALTARIA, S.L.
C/ Enric d'Ossó, 2
43005-Tarragona
e-mail: info@altariaeditorial.com

ISBN: 978-84-938898-5-2
Dipòsit legal: Z-3954/2011
Disseny coberta: Barcala
Il.lustrat per: Barcala
Correcció: Montserrat Hernández

IMPRÈS A ESPANYA - PRINTED IN SPAIN

De què va aquest llibre?

Amb aquest llibre volem introduir els lectors, en especial els més menuts, però també els grans, al món de la informàtica i del software lliure.

També hem intentat reflectir l'esperit de compartició dels coneixements i del respecte per la feina dels altres que hi ha al darrere dels desenvolupadors de programari lliure.

Per descomptat que aquest no és un llibre teòric, tot al contrari, és un llibre molt pràctic. Amb ell aprendràs a fer les teves primeres passes en l'ús del sistema operatiu Edubuntu; veuràs el funcionament d'algunes eines molt habituals, tant a l'hora de fer els deures de classe com amb la feina de l'oficina; i, a més, et mostrarem alguns programes que et permetran d'aprendre tot jugant.

Als pares els donarem, per a la seva tranquil·litat, un conjunt de recursos que podran utilitzar per assegurar-se que els seus fills facin un bon ús de l'ordinador.

GNU/Linux i el software lliure

GNU/Linux és un sistema operatiu, un programa que et permet de fer servir l'ordinador per a jugar, estudiar, fer els deures de classe, xatejar amb els teus amics... sense ell l'ordinador no seria capaç de fer res.

A més, GNU/Linux és programari lliure i això li dóna molts avantatges davant d'altres sistemes operatius no lliures.

I què té de bo el software lliure? Doncs, una comunitat de gent, repartida per tot el món, disposada a compartir els seus programes i a millorar els que han fet d'altres per a benefici de tots.

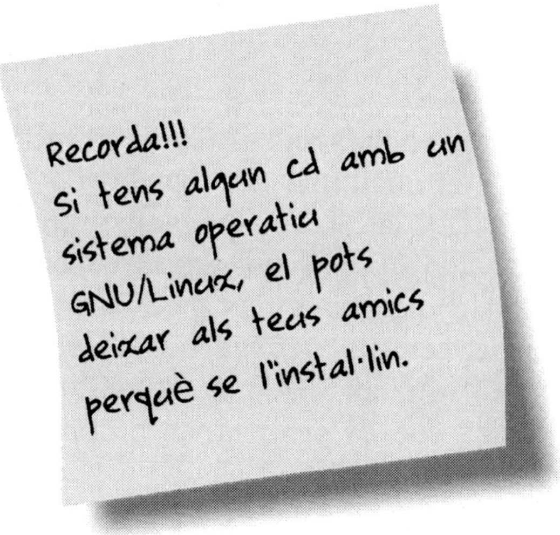

Per què Edubuntu i no una altra distribució?

Edubuntu és una de les moltes distribucions que existeixen del sistema operatiu GNU/Linux. En aquest cas, en farem servir la versió 10.10.

Perquè ho entenguis de manera fàcil, una distribució és una agrupació del sistema GNU/Linux amb un munt de programes de codi lliure.

Aleshores, per què Edubuntu i no una altra? Alguns dels motius (no exclusius d'Edubuntu) són:

1. És fàcil d'instal·lar i de mantenir.
2. Porta incorporades una gran quantitat d'eines educatives que t'ajudaran amb el teu aprenentatge.

Índex general

Com entrendre el llibre

Sóc l'estrella Altaria. T'aniré ajudant al llarg de tot el llibre; fixa-t'hi quan em vegis.

Aquest tipus de lletra, amb un número al davant, vol dir que practiquis un exercici.

Si em veus ressaltada i acompanyada de vegades per una nota semblant a la de la figura de la dreta, t'indicaré que t'has de fixar bé en les explicacions fetes.

Aquest altre text indica explicació de contingut.

Si em veus així, et voldré indicar que mostris al teu monitor el que estàs llegint.

Edubuntu per a tu

Primer contacte

1

Primer contacte

Primer contacte amb el ratolí

Abans d'encendre l'ordinador, observa bé el ratolí. S'assemblarà al de la imatge.

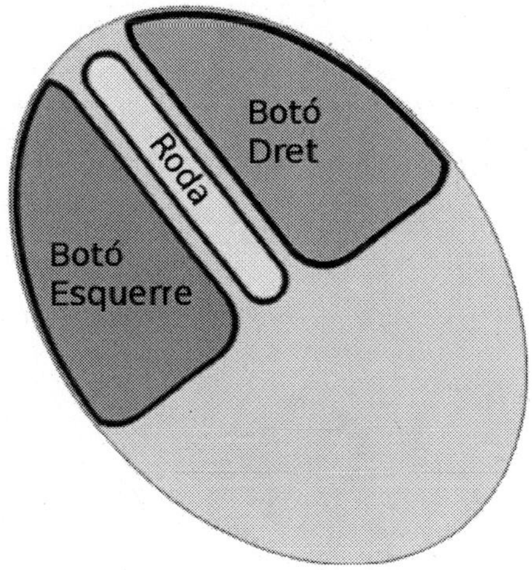

Per ara, has de saber dues coses:

Primera. Que quan engeguis l'ordinador apareixerà una fletxa dins de la pantalla que podràs moure desplaçant el ratolí per damunt de la taula.

Segna . Que prémer un cop el botó esquerre (fer un clic esquerre) amb la fletxa damunt d'alguna cosa, serveix per seleccionar aquesta cosa.

Què faig després d'encendre l'ordenador?

1. *Després d'encendre l'ordinador, veuràs una pantalla com aquesta:*

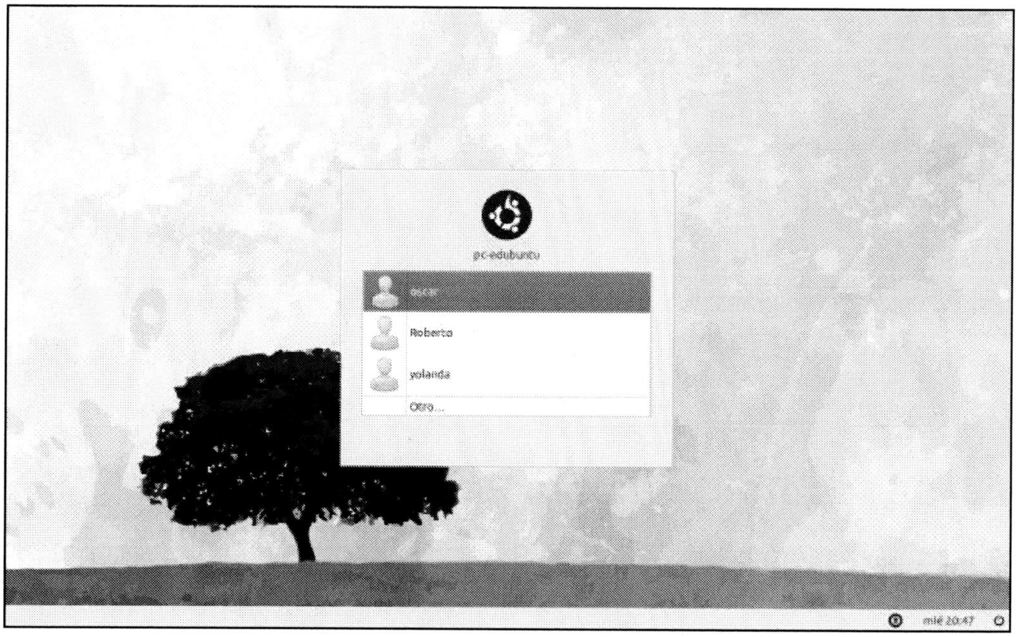

2. *A la llista de noms que hi ha al mig, hi hauria d'aparèixer el teu. Mou la fletxa del ratolí fins que estigui damunt del teu nom i fes un clic amb el botó esquerre. Veuràs que la llista es transformarà en això:*

3. *Ha arribat el moment d'escriure la teva contrasenya. Assegura't que ningú més no vegi el que escrius. La contrasenya és només per a tu.*

4. *Un cop escrita la contrasenya, fes un clic damunt del botó* **Entra** *i llestos.*

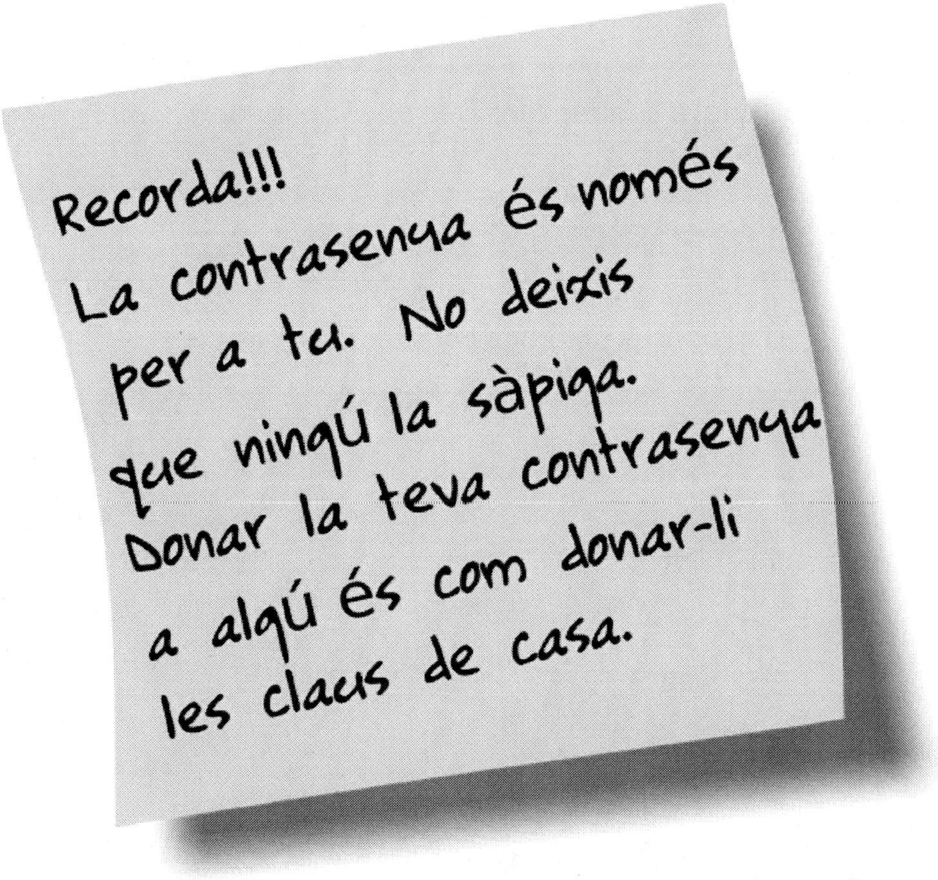

La pantalla s'ha tornat negra, Què faig?

Quan portis una estona sense fer res, la pantalla es bloquejarà automàticament (es tornarà negra). No t'hi amoïnis. És normal.

1. *Per tornar a veure la pantalla, només has de moure el ratolí. Quan ho facis, veuràs que a la pantalla sortirà això:*

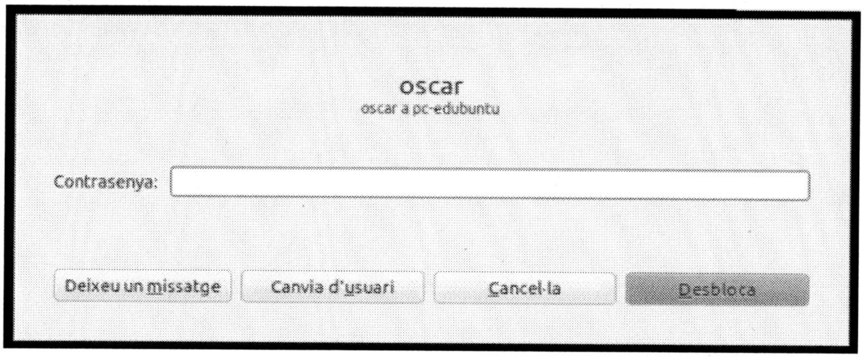

2. *Escriu la teva contrasenya i fes un clic esquerre damunt del botó* **Desbloca**.

Coneix l'escriptori

Quan engeguis l'ordinador i accedeixis com a usuari del sistema operatiu, et trobaràs amb una pantalla com aquesta:

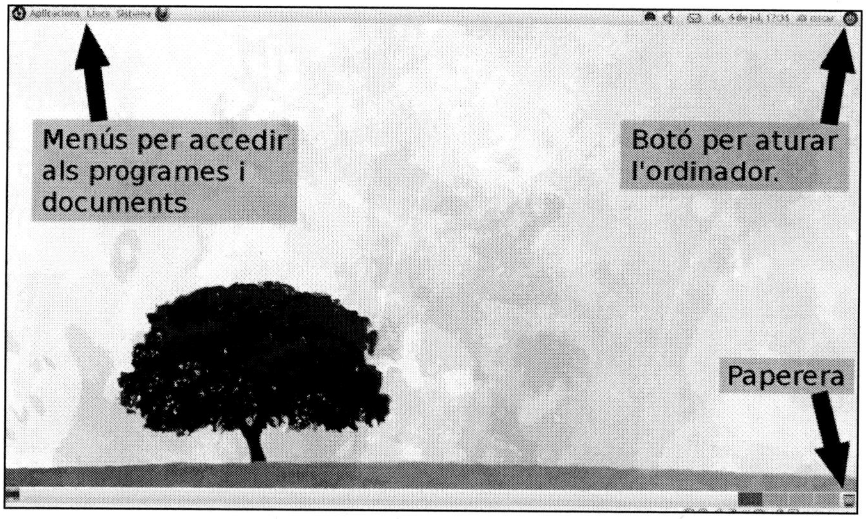

Aquesta pantalla és l'escriptori i és on treballaràs sempre. Els elements més importants que trobaràs al panell superior són:

Els menú: Des d'aquí, fent servir el clic esquerre i el desplaçament del ratolí, podràs accedir a tots els programes del teu ordinador i a les zones on tens desats els teus documents.

El botódàpagt : Doncs això, serveix per apagar l'ordinador. Ho veuràs tot seguit.

I al panell inferior:

La paperera: La pots fer servir tal com faries servir la paperera de casa teva. Més endavant en parlarem.

Per avui és suficient, vull apagar l'ordinador

Avui has après moltes coses, és hora de descansar. Demà continuarem, però abans s'ha d'apagar l'ordinador:

1. *A dalt a la dreta trobaràs un botó rodó i vermell. Fes-hi un clic esquerre al damunt.*

2. *A la llista que apareix, tria'n l'opció **Atura**...*

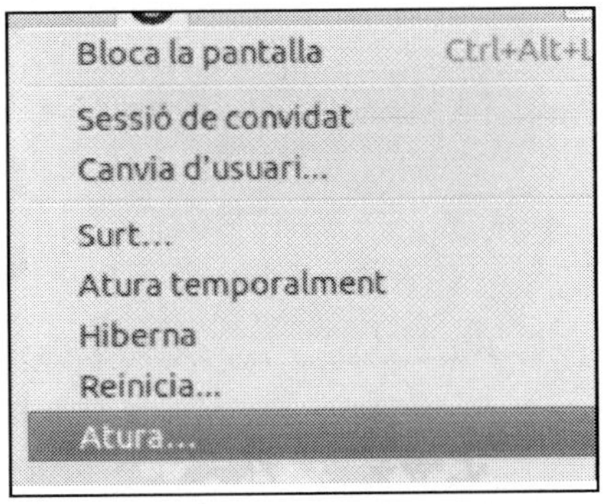

Apareixerà una nova finestra (del tipus diàleg) demanant una confirmació.

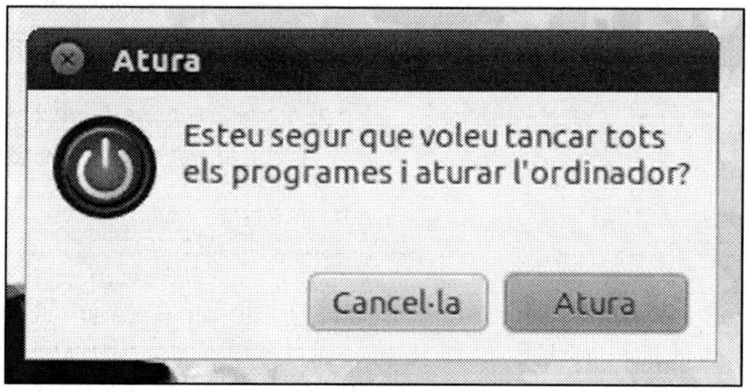

3. *Fes un clic esquerre damunt del botó* **Atura** *i deixa que l'ordinador es tanqui sol.*

Primer contacte amb el ratolí

2

Primer contacte amb el ratolí

Primer contacte amb el ratolí

Ara que ja has fet les teves primeres passes amb el ratolí, és un bon moment per veure tot el que es pot fer amb aquesta eina i n'agafis més pràctica.

Necessitaràs el programa PySyCache. Digues al teu monitor que l'installi. En trobaràs les instruccions a l'apartat d'installació de programes.

1. *Si ja tens el programa instal·lat, executa'l des del menú:* **Aplicacions/ Educació/PySyCache**.

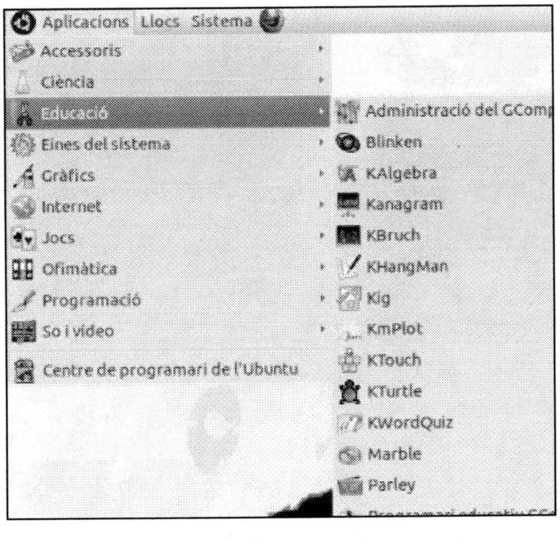

Ara, la teva pantalla hauria de ser així:

Fixa't que la fletxa que movies amb el ratolí s'ha convertit en una mà que assenyala amb el dit índex.

Comença'n la pràctica!

Jugant a moure el ratolí

Amb aquest primer joc, practicaràs el moviment del ratolí.

1. *Fes un clic esquerre damunt de la icona:*

2. *El joc consisteix a destapar la imatge oculta resseguint tota la pantalla amb la mà.*

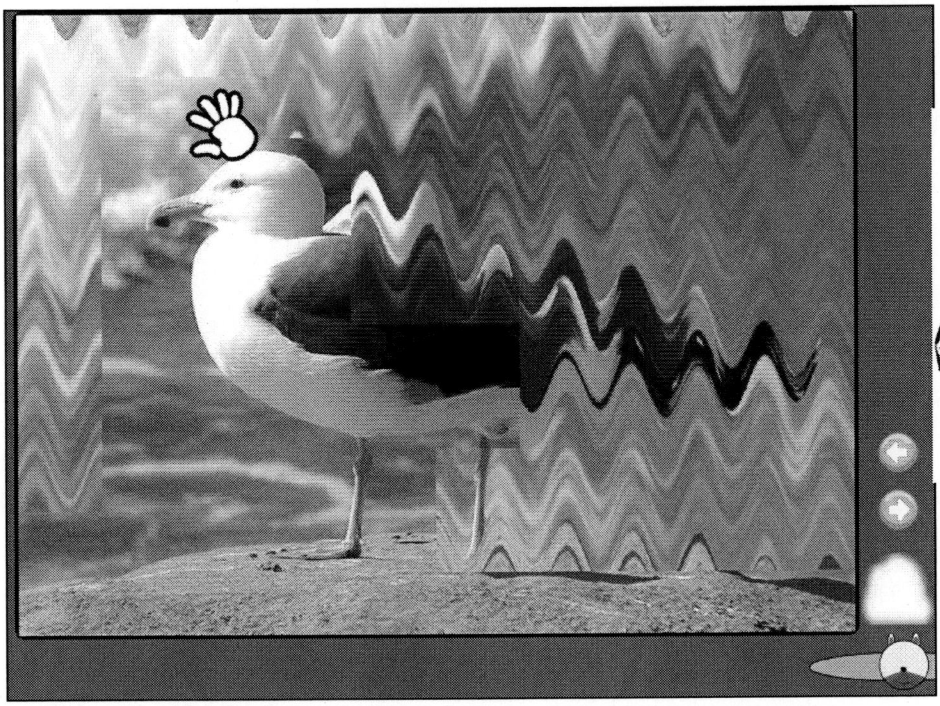

3. *Quan et cansis de destapar fotos, pots acabar prement la tecla* **Esc** *que trobaràs a dalt a l'esquerra del teu teclat.*

Jugar a fer clic esquerre

Aquest clic també el coneixes, però si el practiques una mica més et sortirà molt millor.

1. *Fes un clic esquerre damunt la icona:*

2. *En aquest joc, has d'aconseguir unes quantes fotos. Per fer-ho, mou la càmera per la pantalla fins que es torni vermella. Aleshores, fes servir el clic esquerre per disparar la foto.*

Jugant a fer clic esquerre i dret

Anem a complicar-ho una mica. Aquest cop, a més de prémer el botó esquerre amb l'índex, també faràs servir l'anular per prémer el botó dret (clic dret).

1. *Fes un clic damunt la icona:*

2. *En aquest joc, has de portar cada animal al seu refugi. Per dur-los cap a l'esquerra, hi faràs uns clics esquerres al damunt i per dur-los cap a la dreta, uns clics drets.*

Jugant al doble clic

T'estàs convertint en un expert. Molt bé!

El doble clic és com el clic esquerre, però prement el botó dos cops i de manera molt seguida.

1. *Fes un clic damunt la icona:*

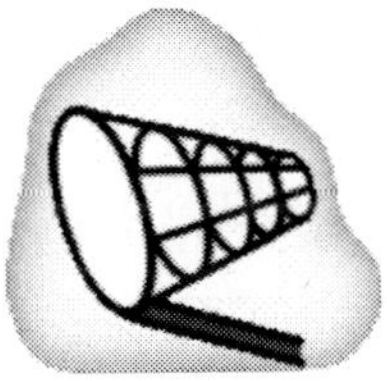

2. *Has d'aconseguir agafar tota la fruita dels arbres fent un doble clic.*

Jugar a arrossegar i deixar

Per arrossegar alguna cosa has de fer:

a. Posa el punter (la fletxa) del ratolí damunt de l'objecte a moure (en el nostre cas, una fitxa de puzle).

b. Prem, i mantingues premut, el botó esquerre (damunt de la fitxa de puzle).

c. Desplaça el ratolí i veuràs com la fitxa es mou per la pantalla. Porta-la fins a la nova posició.

d. Deixa anar el botó del ratolí.

Encara que a primera vista sembli molt complicat, no et preocupis. Ja veuràs com aviat ho faràs sense ni tan sols pensar-ho.

1. *Fes un clic damunt de la icona:*

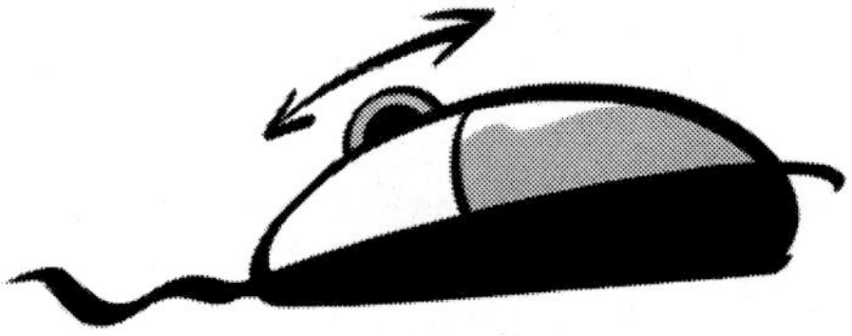

2. *En aquest joc has de muntar un puzle arrossegant cada peça cap a la seva posició.*

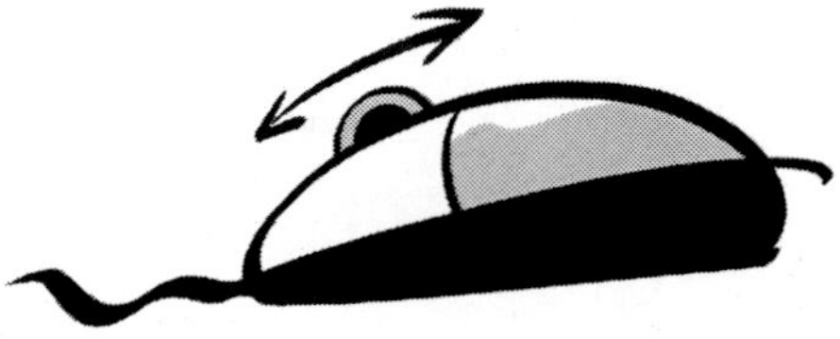

No deixis de practicar. Et serà molt útil per a qualsevol cosa que vulguis fer amb l'ordinador.

Les finestres 3

Les finestres

Les finestres

Una finestra és un rectangle que apareix damunt l'escriptori i que pot contenir programes o carpetes. També et seran útils per poder veure el contingut d'un arxiu (tot fent servir un programa que el pugui obrir). Una finestra, independentment del seu contingut, tindrà aquesta forma:

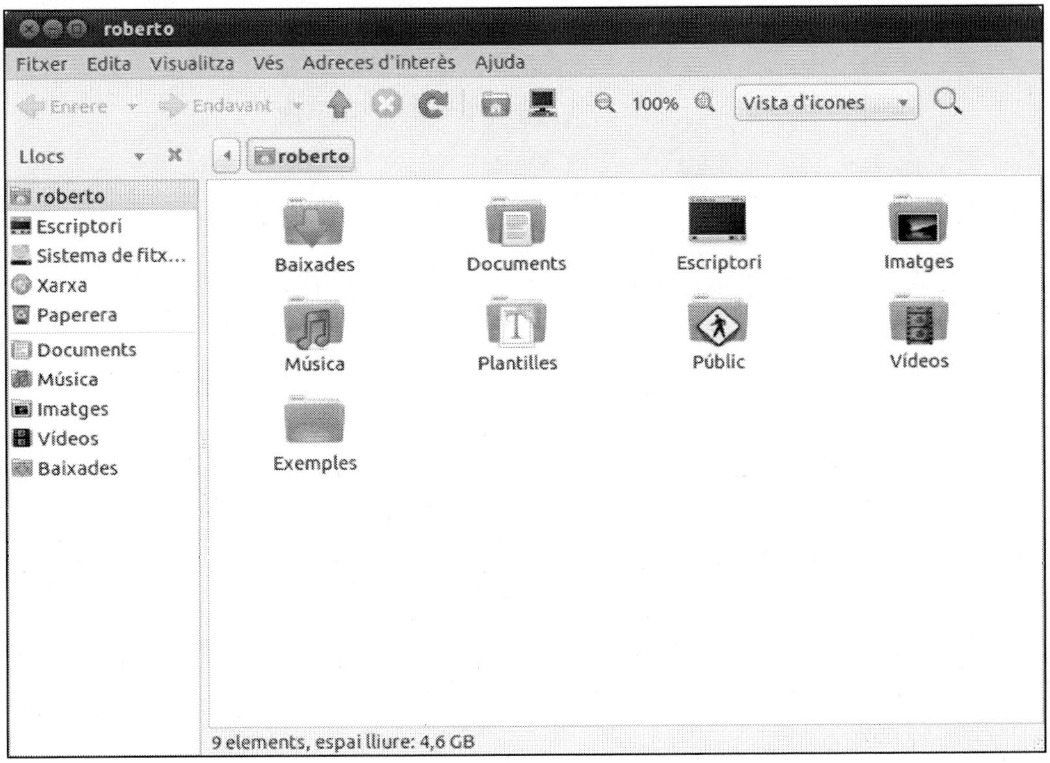

Els programes

Veuràs exemples de programes durant tot el llibre: quan escriguis, dibuixis, juguis... sempre ho faràs utilitzant un programa. De fet, a l'apartat anterior has fet servir un programa per aprendre a fer anar el ratolí.

Els arxius

Un fitxer, o arxiu, pots imaginar-te'l com un full de paper, on s'hi pot escriure o dibuixar tot fent servir algun programa. Faràs el teu primer fitxer a l'apartat: "Escriure i desar textos".

Les carpetes

Una carpeta dins de l'ordinador és com una carpeta del món real, de les que fas servir per classificar els apunts i els deures del col·le. Aprendràs a utilitzar-les a l'apartat: "Anem a ordenar tots els nostres treballs".

Com s'utilitza una finestra?

1. *Obre una finestra, per exemple:* **llocs/carpeta personal**. *Si t'hi fixes, a dalt a l'esquerra, hi trobaràs tres botons. Parlem-ne:*

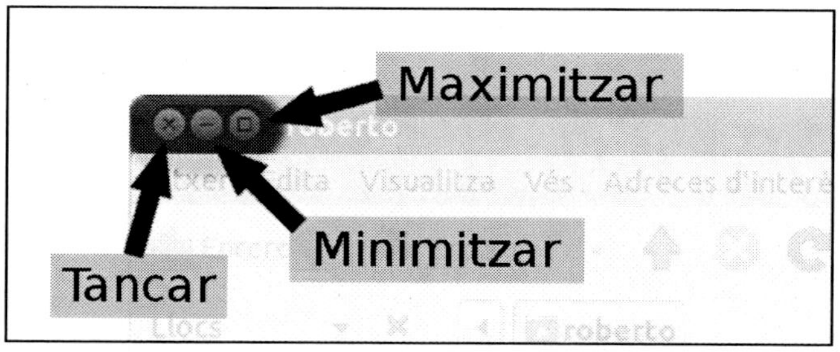

Maximitzar: Si fas un clic esquerre al damunt, veuràs com la finestra creix fins a ocupar tot l'espai de l'escriptori. Si hi tornes a fer un altre clic esquerre, la finestra tornarà a la seva mida anterior.

Minimitzar: En fer un clic esquerre al damunt, la finestra desapareix de la pantalla. No es tanca, sinó que queda al panell inferior i, si li fas un clic esquerre, tornarà a aparèixer.

Tancar: Aquest botó serveix per fer desaparèixer la finestra de manera definitiva. Si aquesta finestra contenia un programa, aquest deixarà d'executar-se.

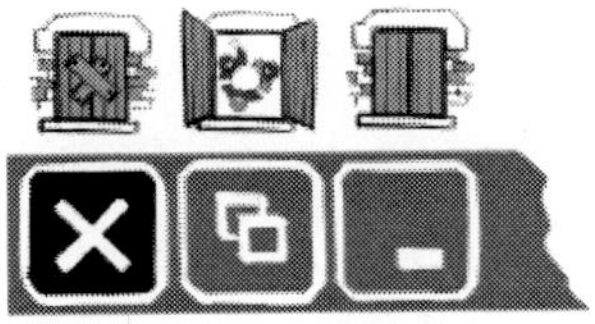

Molt bé! I si vull moure la finestra a un altre punt de l'escriptori?

2. *En aquest cas, col·loca el punter del ratolí damunt de la barra on apareix el títol, al costat dels botons d'abans, i fes l'operació d'arrossegar el ratolí.*

Ah! Però ara vull personalitzar la mida de la finestra.

3. *Molt fàcil! Col·loca el punter al cantó inferior dret de la finestra i arrossega'l fins que la finestra tingui la mida desitjada.*

Per al bon funcionament, la fletxa del ratolí haurà de tenir la forma de la figura anterior.

Escriure i desar textos

4

Escriure i desar textos

Escriure i desar textos

Ha arribat l'hora! Estàs a punt de crear el teu primer arxiu de textos.

Obrir l'editor de textos

1. *El primer que has de fer és obrir un programa que et permeti escriure textos:* **Aplicacions/Accessoris/Editor de Textos**.

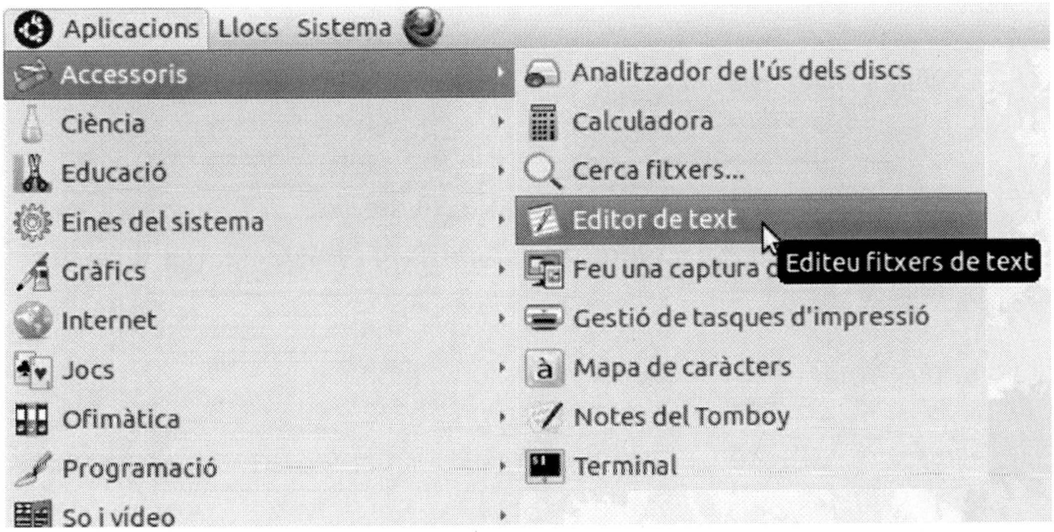

El programa s'obrirà en forma de finestra al teu escriptori.

Comencem a escriure

Observa la zona blanca, la més gran. A dalt a l'esquerra, veuràs una petita línia que parpelleja. És el cursor i indica el lloc on apareixerà el que escriguis.

2. *Copia el text següent:*

> *- Una impressora li comenta a una altra:*
> *- Aquest full és teu, o és impressió meva?*

Si no saps com fer-ho, aquí tens una mica d'ajuda:

3. *Per escriure l'accent d'"és" has de prémer, primer, la tecla d'accentuació* 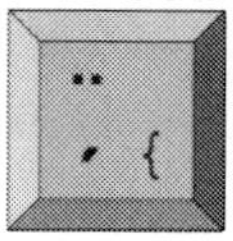 *i després la lletra* **e**.

4. *Per escriure el signe d'interrogació, prem la tecla de majúscula* 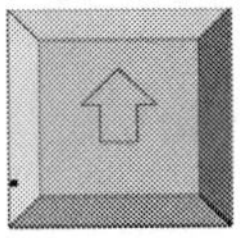 *i, sense deixar-la anar, prem la tecla d'interrogació* 

5. *Fes el mateix per escriure els dos punts.*

6. *Per passar a la línia de sota, fes servir la tecla d'Enter, també coneguda com a tecla de Retorn*  *.*

Desar el text

Bé! Ja tens el text escrit. Ara s'ha de guardar l'arxiu perquè el puguis consultar i modificar sempre que vulguis.

7. *Fes un clic damunt del botó* **Desa***.*

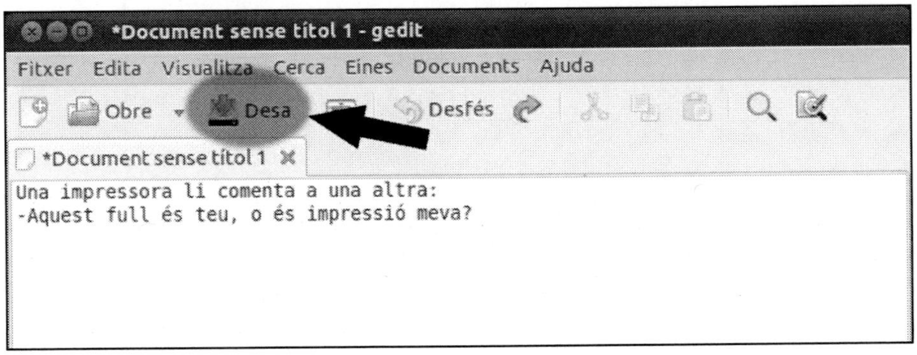

8. *A la nova finestra, escriu: "acudit.txt" dins de la capsa de text que hi ha al costat de l'etiqueta* **Nom***.*

9. *Fes un clic esquerre damunt de la barra que hi ha al costat de l'etiqueta Desa a la carpeta. Veuràs que apareix una llista de llocs on poder desar l'arxiu. Tria* **Escriptori**.

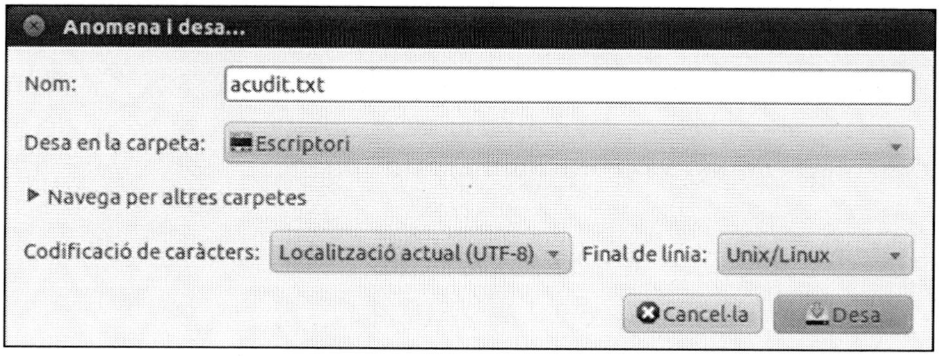

10. *Fes un clic esquerre al botó Desa i l'arxiu quedarà guardat.*

11. *Tanca la finestra de l'editor de textos. Això també farà finalitzar el programa.*

Vull afegir més text

Fixa't que a l'escriptori ha aparegut una icona (un dibuix) amb el text "acudit.txt" escrit a sota. Aquesta icona representa el teu arxiu.

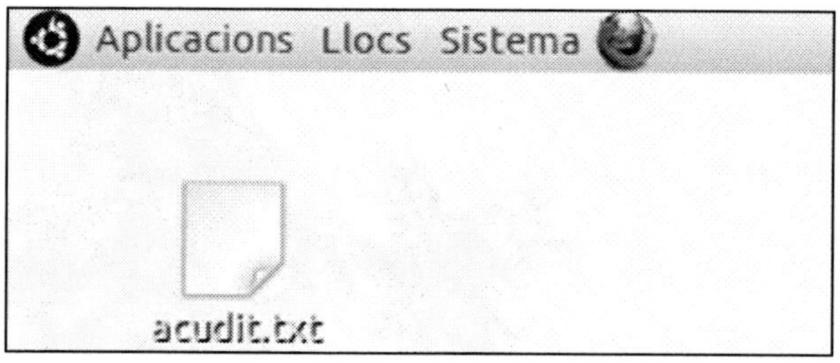

12. *Fes un doble clic al damunt perquè es torni a obrir el text. Això et permetrà llegir-lo i modificar-lo, si cal.*

13. *Afegeix aquest text a continuació:*

> *- Saps per què els xinesos dormen sense matalàs?*
> *- Perquè el cinquè manament diu: "NO MATALÀS".*

14. *Fes un clic damunt del botó* **Desa**. *Encara que sembli que no ha passat res, el teu arxiu ja s'ha desat amb el nou contingut.*

És molt recomanable que, a mesura que vas escrivint, en vagis guardant els canvis, a l'arxiu. D'aquesta manera evitaràs que un tall de la llum pugui fer-te perdre tota la feina feta.

15. *Pots tancar la finestra.*

Recorda!!!
No esperis a acabar el text per guardar el teu treball. Corres el risc de perdre'l.

Dibuixar i desar els dibuixos

5

Dibuixar i desar els dibuixos

Dibuixar i desar els dibuixos

I després d'uns acudits, una mica de relax amb un bonic paisatge.

1. *Obre el programa* **KolourPaint** *que trobaràs a* **Aplicacions/Gràfics/ KolourPaint**.

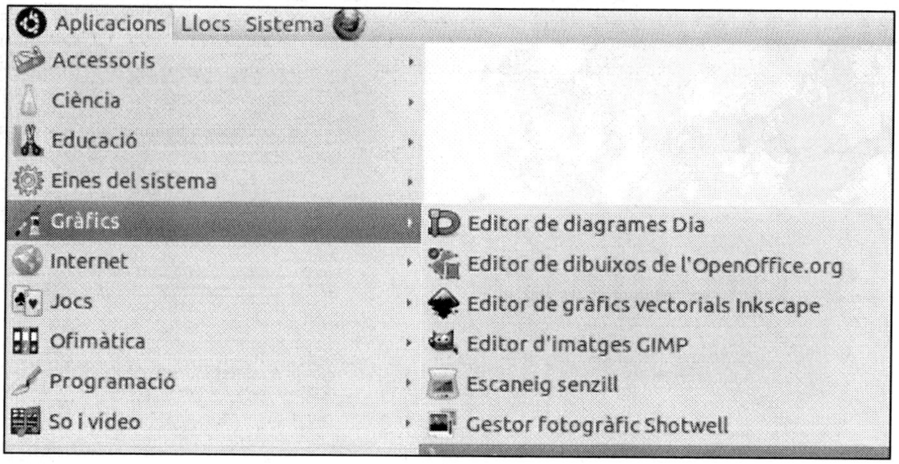

Veuràs una finestra com aquesta:

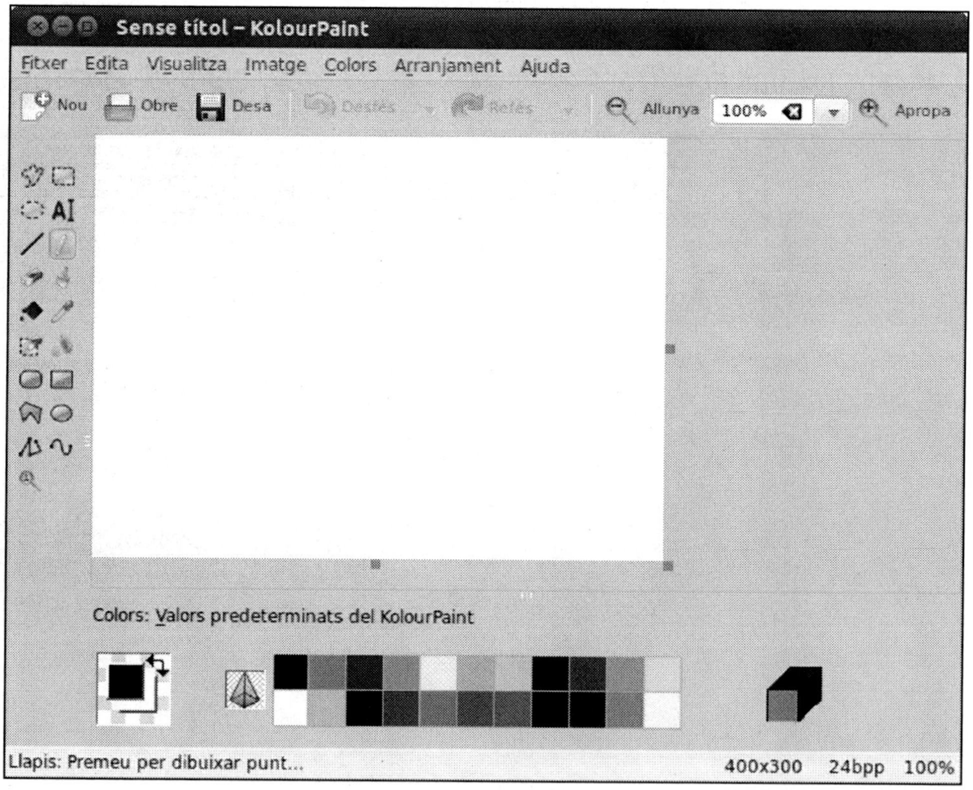

2. *Abans de començar amb el dibuix faràs dues coses:*

Primera. *Maximitzar la finestra (això, ja ho saps fer).*

Segona. *Fer l'àrea de dibuix més gran (de seguida veuràs de quina manera fer-ho).*

Fer l'àrea de dibuix més gran

3. *Fixa't en el rectangle gran i blanc que hi ha al centre de la finestra. Això és l'àrea de dibuix, on faràs el teu paisatge. Al cantó dret inferior hi ha un petit quadre blau. Col·loca-hi el punter del ratolí al damunt.*

4. *Quan vegis que la seva forma canvia a la mateixa de la imatge de dalt, arrossega el ratolí cap a la dreta i cap a baix fins que la zona blanca sigui tan gran com vulguis que sigui el teu dibuix.*

Comencem amb el dibuix!

Eina de rectangle

5. *A l'esquerra trobaràs la barra d'eines. Fes un clic esquerre i selecciona'n l'eina de* **Rectangle**.

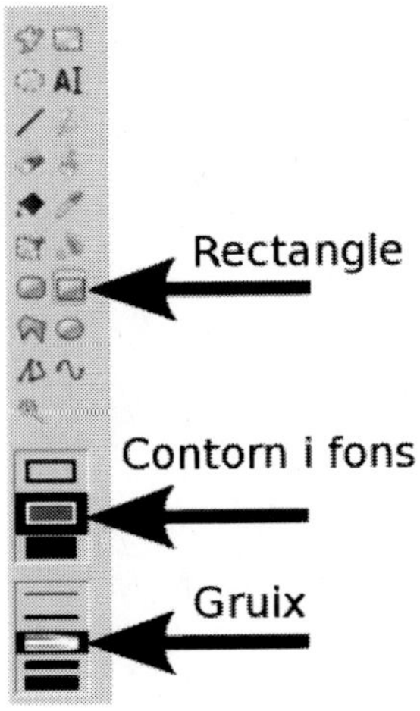

De les noves opcions que apareixen a sota, tria'n la del mig en ambdós grups. En el primer cas per dir que, a més de dibuixar el contorn del rectangle, també l'emplenarem, i, en el segon cas, per triar el gruix del contorn.

Selecció de colors

De quin color serà casa teva?

6. *Amb un clic esquerre damunt la llista de colors, que hi ha a la part inferior de la finestra, tria el color de* ***contorn*** *del rectangle, i amb un clic dret, tria el color de* ***fons****.*

Dibuixar rectangles

Ara que ja tens l'eina de rectangle seleccionada i els colors escollits, és hora de passar a l'acció.

7. *Posiciona el punter del ratolí on vulguis començar a dibuixar la teva casa i arrossega-hi el ratolí. Veuràs com es comença a formar un rectangle a la pantalla.*

8. *Canvia el color de fons i dibuixa'n la porta i les finestres.*

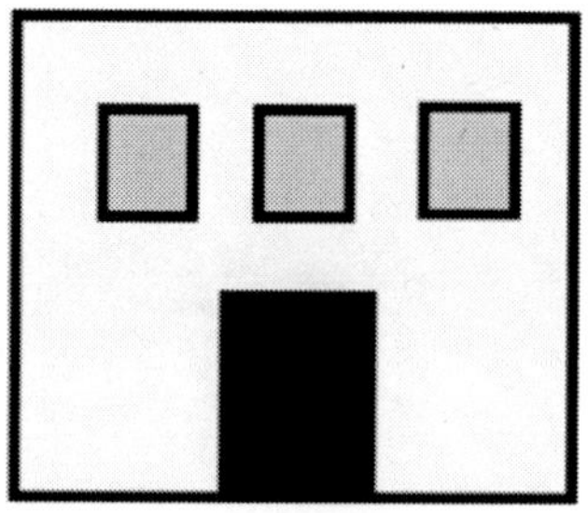

No m'ha sortit bé

9. *Si el dibuix no t'ha sortit bé, no et preocupis perquè pots desfer la darrera acció tot prement la combinació de tecles:*

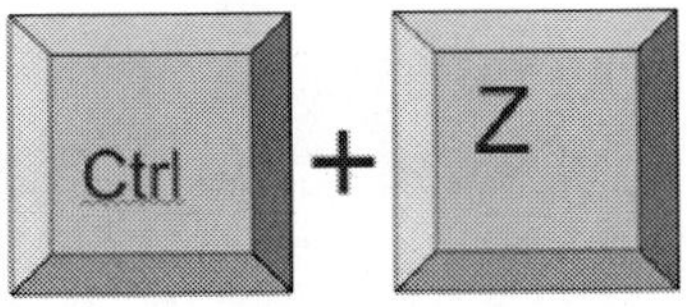

Pots fer servir aquesta combinacióde tecles tants cops com vulguis. Per exemple, si vols desfer les tres últimes accions, prem-la tres cops.

Eina de polígon

L'eina de polígon et permetrà dibuixar figures amb tantes cares com vulguis. En aquest dibuix, la faràs servir per dibuixar la teulada de la teva casa.

10. *Selecciona l'eina i, com en el cas del rectangle, el gruix del contorn i digues que, a més de dibuixar-lo, també el pintaràs.*

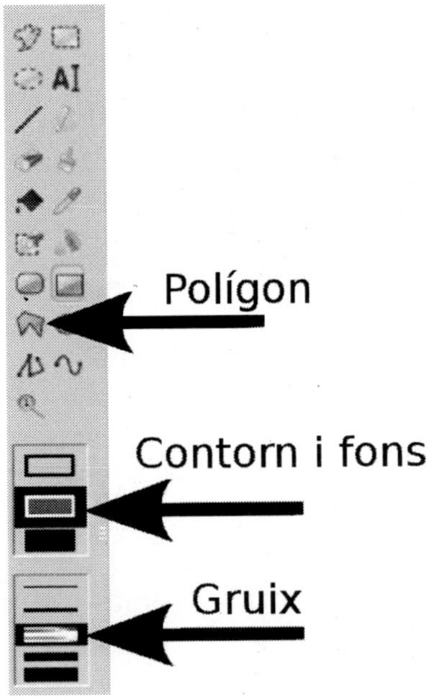

11. *Tria els colors que vulguis i anem a per la teulada. Marca amb tres clics esquerres els tres vèrtexs de la teulada. Per fer l'última punta del triangle, fes-hi un doble clic.*

Eina de brotxa

Què et semblaria tenir la casa enmig d'un bonic prat verd? Anem a dibuixar-lo!

12. *Selecciona l'eina de* **Brotxa** *i el gruix indicat a la imatge següent:*

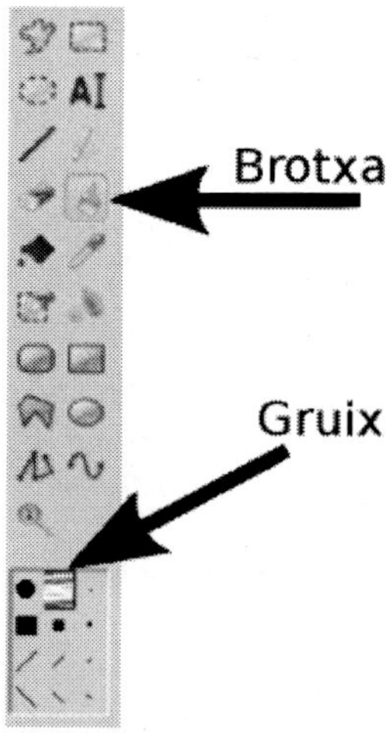

13. *Quan arrosseguis el ratolí per l'àrea de dibuix veuràs que, per allà on passis, aniràs deixant una línia del color i del gruix triats.*

14. *Fes servir la* **Brotxa** *per dibuixar la frontera entre el terra i el cel. Vigila que no quedi cap espai en blanc.*

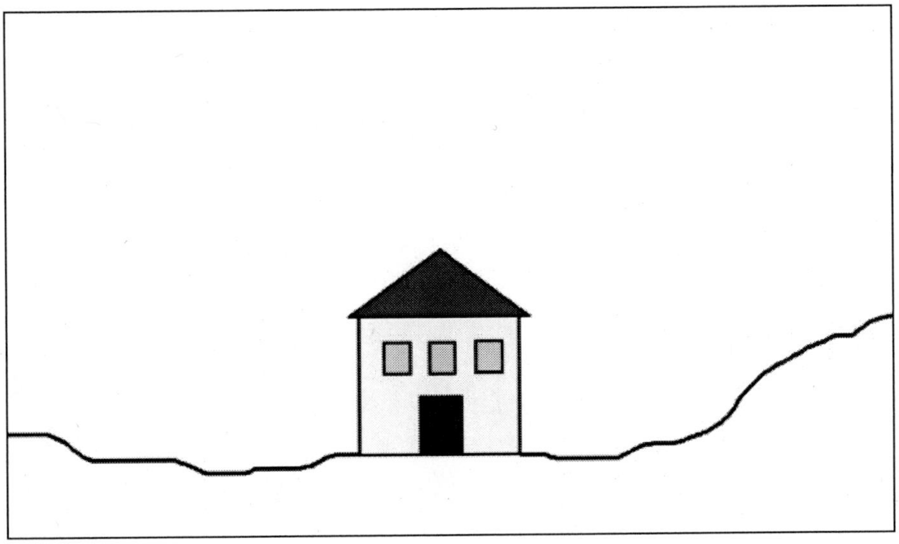

Eina d'emplenar

Bé! Ja està el terra dibuixat! Ara s'ha de pintar.

15. *Per fer-ho, farem servir l'eina d'***emplenat,** *selecciona-la.*

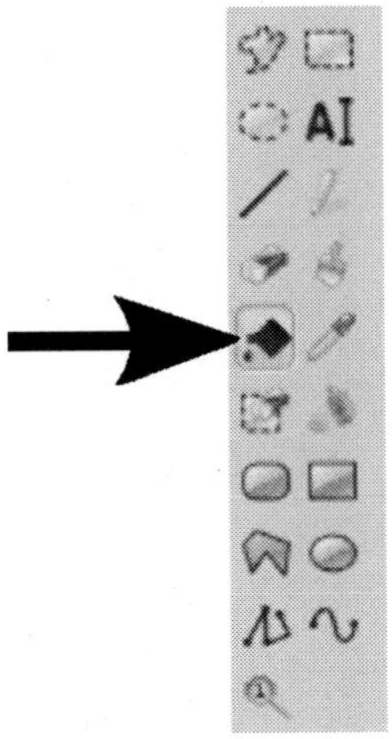

16. *Tria, amb el clic esquerre, el color per pintar el terra i fes un altre clic esquerre dins de l'àrea que s'ha d'emplenar, el terra.*

17. *Realitza la mateixa operació per pintar el cel. Tria un blau que sigui clar, perquè el nostre paisatge serà el d'un dia assolellat.*

Eina d'el·lipse

No podem donar per finalitzat el nostre dibuix d'un paisatge en un dia assolellat si no tenim un sol. Per dibuixar-lo, farem servir l'eina d'el·lipse, que funciona de manera similar a la del rectangle.

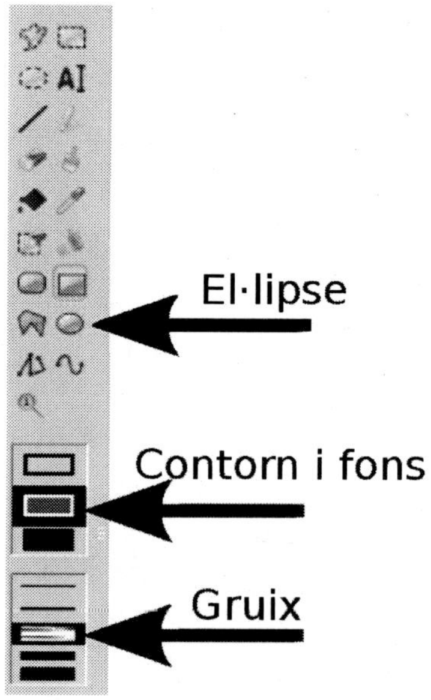

18. *Selecciona l'eina d'el·lipse i els colors de* **Contorn** *i* **Fons**. *Ara desplaça el punter del ratolí a algun punt del cel i, tot arrossegant-lo, dibuixa-hi el sol.*

Últims detalls

19. *Pots utilitzar la brotxa per dibuixar els rajos del sol i algun núvol. Recorda que has de tancar tot el contorn de la figura per poder emplenar-la. Si deixes algun espai lliure, el color se sortirà dels límits.*

Desar la imatge

20. *Després de la feinada que has tingut, segur que vols conservar el dibuix. Fes un clic damunt del botó* **Desa**.

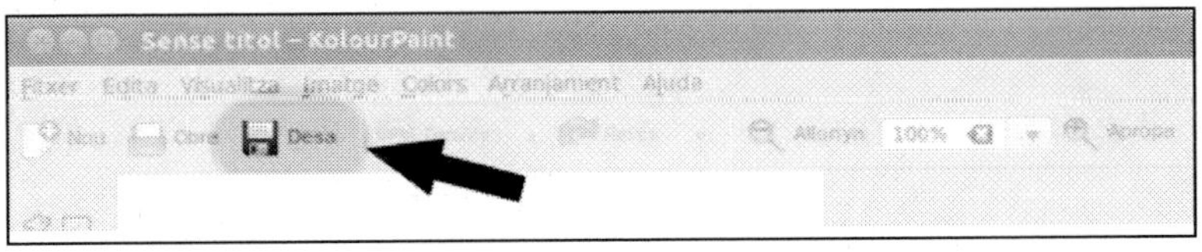

21. *S'obrirà una finestra (diàleg) on podrem especificar com i on emmagatzemarem el dibuix. El desarem a l'escriptori, tal com hem fet amb l'arxiu d'acudits. Fes un clic a* **Inici**.

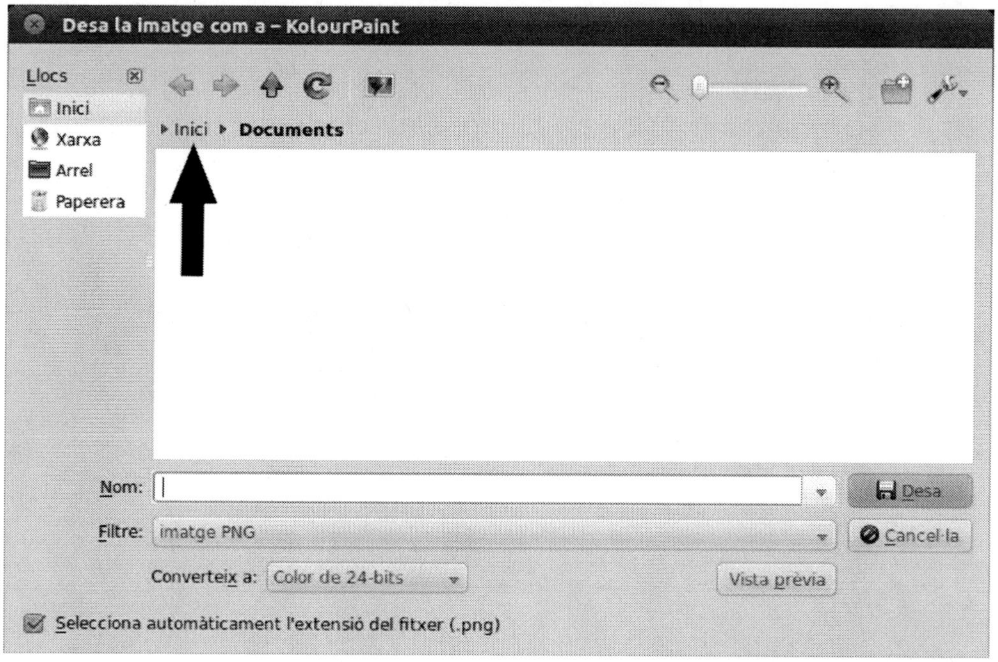

22. *Veuràs que a la zona blanca central, la més gran, hi apareix una llista de carpetes. Fes un doble clic damunt la carpeta* **Escriptori**.

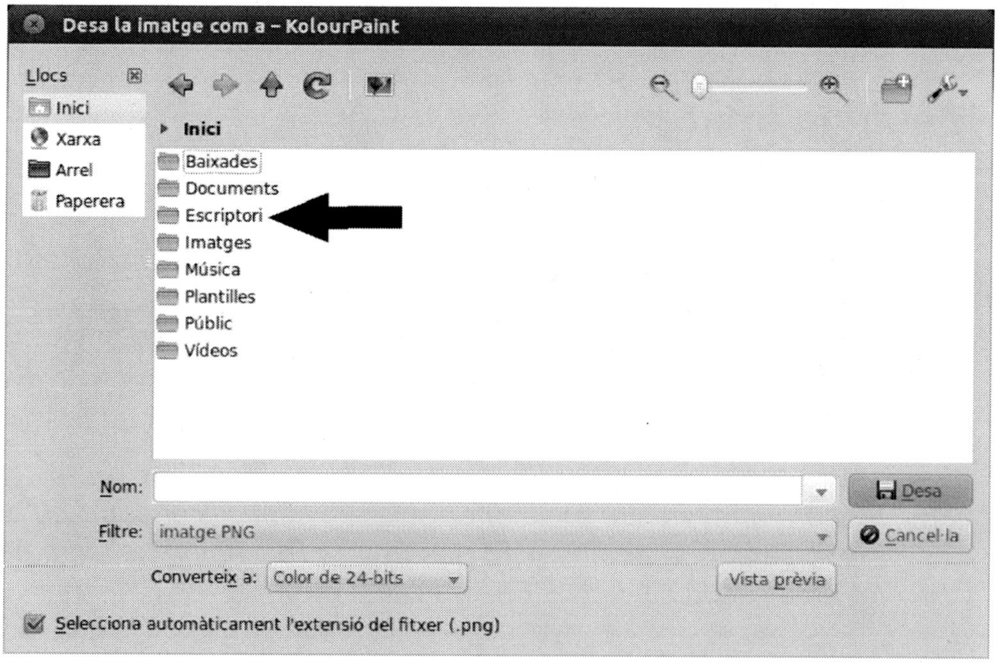

23. *Escriu "***paisatge***" dins de la capsa de text etiquetada com a* **Nom**.

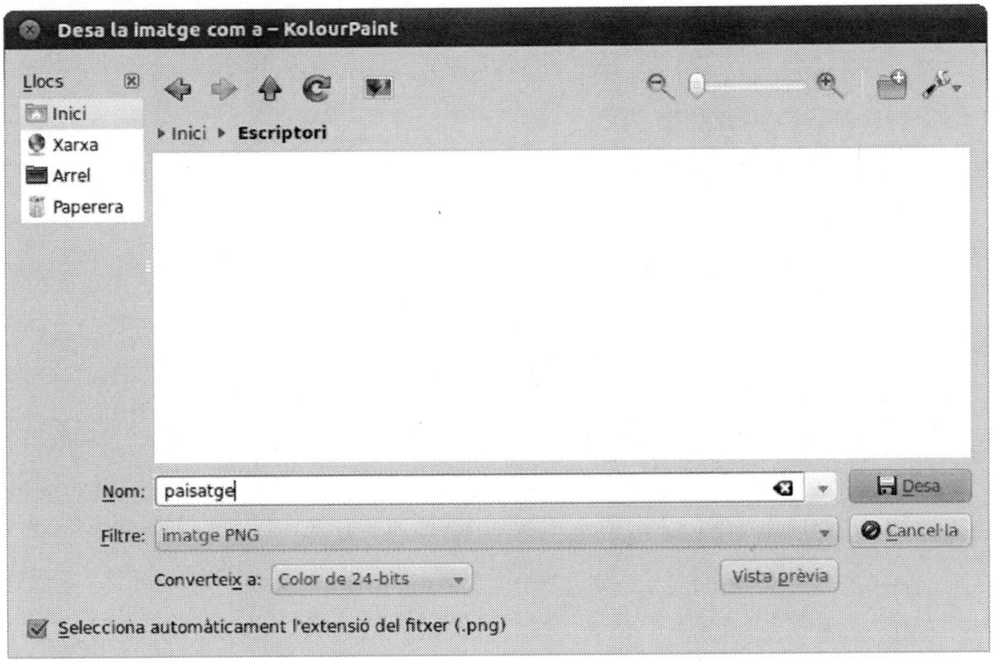

24. *Per acabar, fes un clic al botó* **Desa** *i ja pots tancar el programa. El dibuix ja està desat.*

Fixa't en l'escriptori. Sota de la icona de l'arxiu de text, la dels acudits, n'hauries de tenir una altra amb el text "**paisatge.png**".

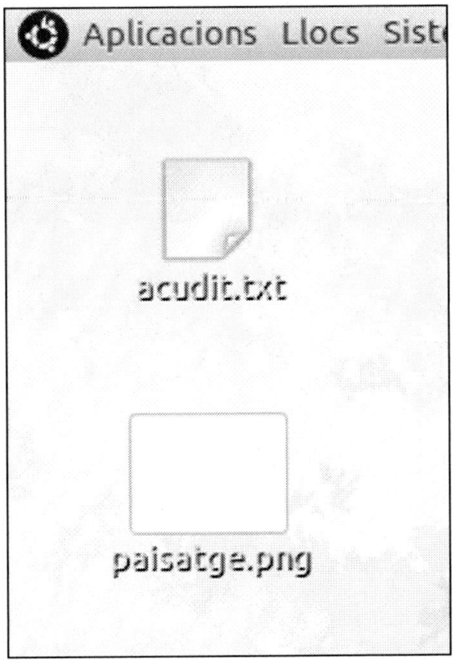

Obrir per veure

25. *Fent un doble clic damunt de la icona "paisatge.png", s'obrirà la imatge perquè la puguis veure.*

Obrir per modificar

26. *Si el que vols és modificar el teu dibuix, aleshores, has de fer un clic dret damunt de la icona. S'obrirà un menú contextual, on has de triar l'opció:* **Obre amb/KolourPaint**.

27. *No oblidis desar els canvis que facis.*

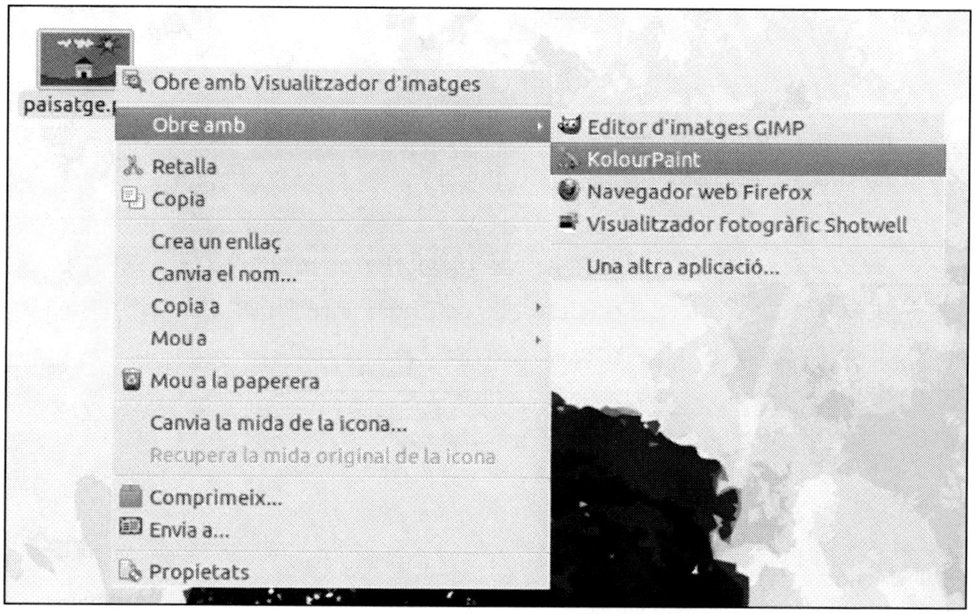

Fem l'escriptori més divertit amb el teu dibuix

6

Fem l'escriptori més divertit amb el teu dibuix

Fem l'escriptori més divertit amb el teu dibuix

El fons de l'escriptori és la imatge que tens davant teu (si tens l'ordinador encès) ocupant tota la pantalla. En el nostre cas, és la imatge d'un arbre.

Tenir un fons personalitzat farà més agradables les hores que passis al davant de l'ordinador. Per a aquesta pràctica farem servir el dibuix del paisatge que has dibuixat a l'apartat anterior.

1. *Fes un clic dret a qualsevol punt de l'escriptori on no hi hagi res (ni carpetes, ni arxius). Això obrirà un menú contextual (menú que apareix sempre que es fa un clic dret damunt d'algun element i que mostra accions que s'hi poden fer al damunt).*

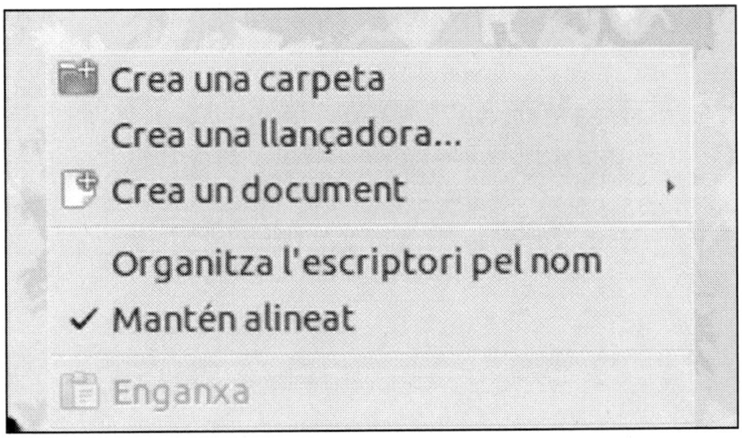

2. *Selecciona l'opció* **Canvia el fons de l'escriptori**.

A la finestra que s'ha obert, trobaràs una gran quantitat de fons que es poden fer servir amb només un clic esquerre al damunt. Però aquest no és el nostre cas. Nosaltres volem fer servir el nostre propi fons.

3. *Arrossega la icona que representa el teu dibuix des de l'escriptori fins a la llista de fons que hi ha a la finestra.*

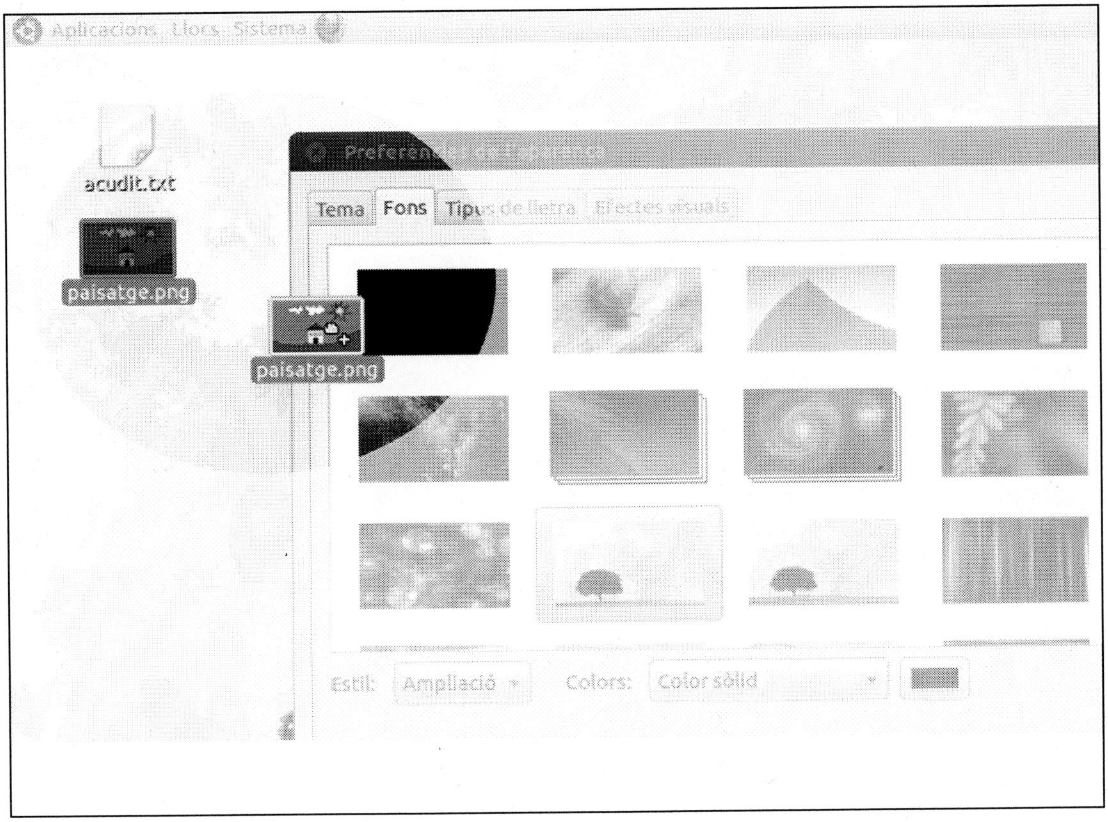

4. *Ara hauries d'estar veient el teu paisatge ocupant tota la pantalla. Tanca la finestra i gaudeix-lo.*

ambé pots fer servir com a fons una foto de la teva famlia, dels teus amics, de la teva mascota...

7

Anem a organitzar tots els nostres treballs

Anem a organitzar tots els nostres treballs

Anem a organitzar tots els nostres treballs

De la mateixa manera que al colle organitzes els deures en diferents llibretes i a casa tens les joguines desades en capses, a l'ordinador classificaràs els teus arxius (textos, fotos, vídeos...) en carpetes, així et serà més fàcil trobar-los quan els necessitis.

La carpeta personal

Pots imaginar-te una carpeta de l'ordinador com una carpeta de les que fas servir a la teva vida quotidiana.

Normalment, tot el que fiquis dins d'una carpeta estarà relacionat d'alguna manera. A la carpeta on tens els apunts d'història, hi tindràs folis escrits, mapes... diferents tipus de documents que tenen a veure amb el mateix tema.

La carpeta **personal** *serà la teva carpeta dins de l'ordinador, on podràs ficar totes les teves coses.*

1. *Per accedir a la teva carpeta personal obre el menú:* **Llocs/ Carpeta personal**.

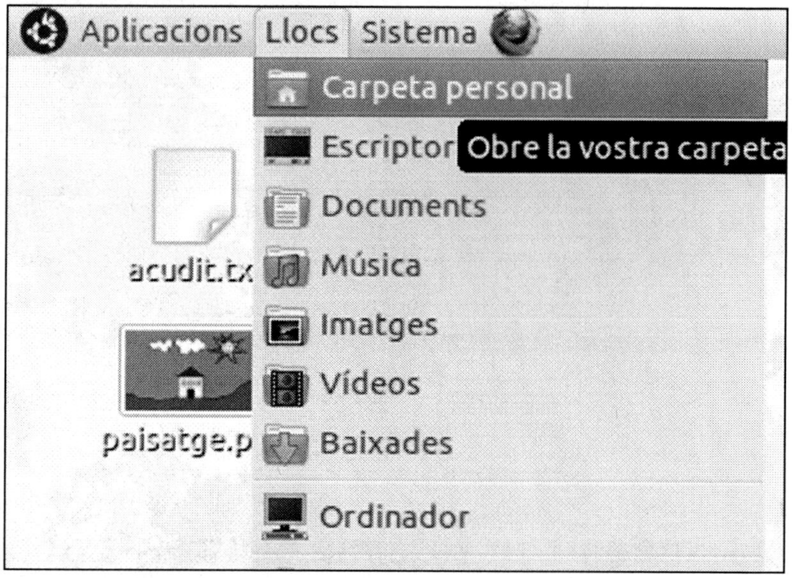

Qan s'obri la carpeta veuràs que a dins tens altres carpetes: Documents, matges, Mú-ca... Mlt aviat veuràs com s'han de fer servir.

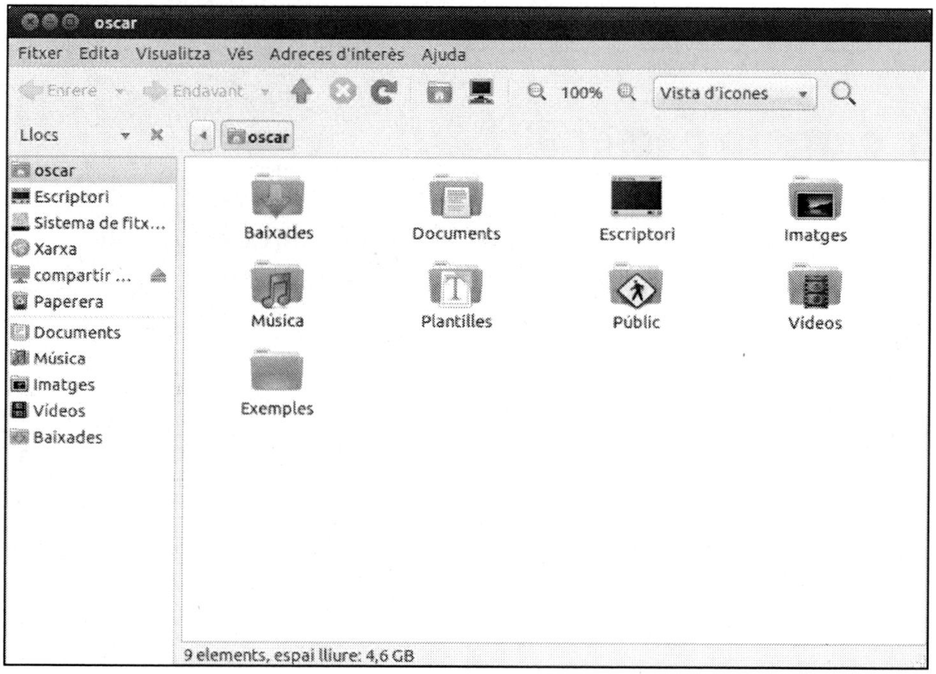

Fixa't que al costat dels botons de tancar, maximitzar i minimitzar, apareix el nom del teu usuari (el meu és Òscar), també és el nom de la teva carpeta personal.

Crear una carpeta nova

2. *Abans de crear una carpeta, hem d'estar situats al lloc on vulguem crear-la. Si ja has obert la teva carpeta personal, fes un doble clic damunt de la carpeta* **Imatges**.

3. *Dins de l'àrea blanca, dins de la carpeta, fes un clic dret per obrir el menú contextual i selecciona'n l'opció:* **Crea una carpeta**.

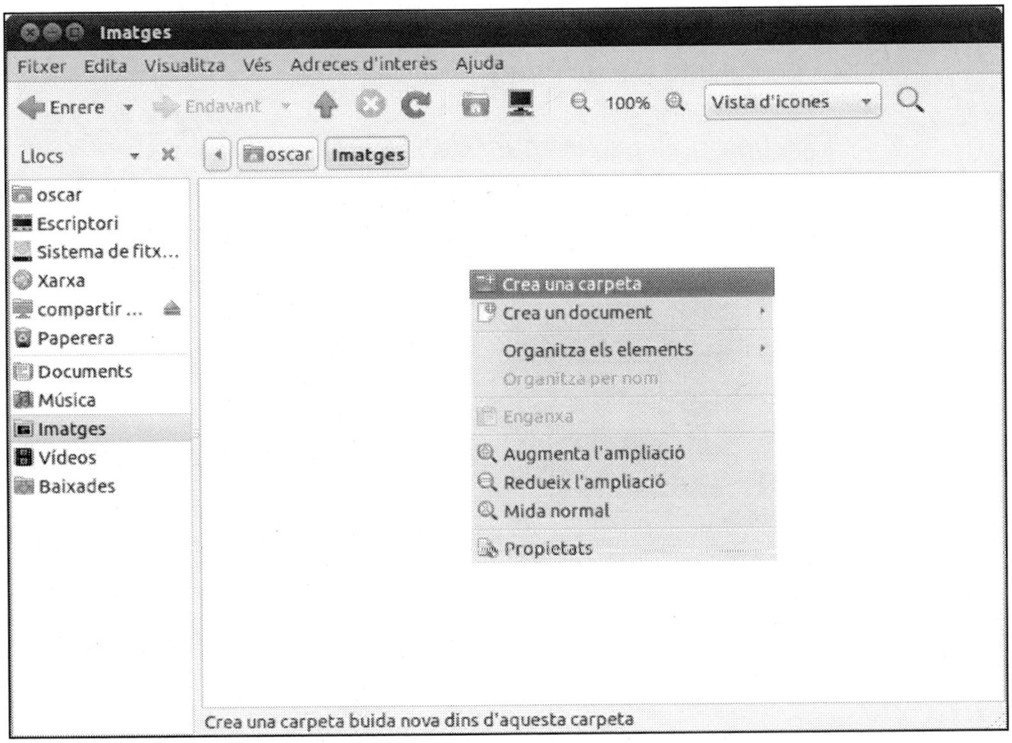

4. *Sense tocar res més, escriu el nom que tindrà la nova carpeta: "***dibuixos***".*

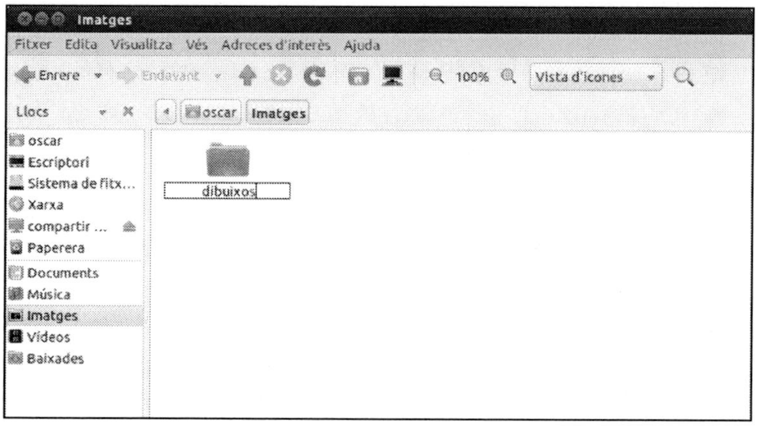

5. *I prem la tecla d'***Enter** *per deixar el nom fixat.*

Traslladar un arxiu

Ha arribat l'hora de portar a la nova carpeta, el dibuix que has fet amb el programa **KolourPaint**.

1. *Fes un doble clic damunt de la carpeta* **dibuixos**.

2. *Ara arrossega la icona del teu paisatge de l'escriptori a la carpeta* **dibuixos** *que tens oberta a la finestra.*

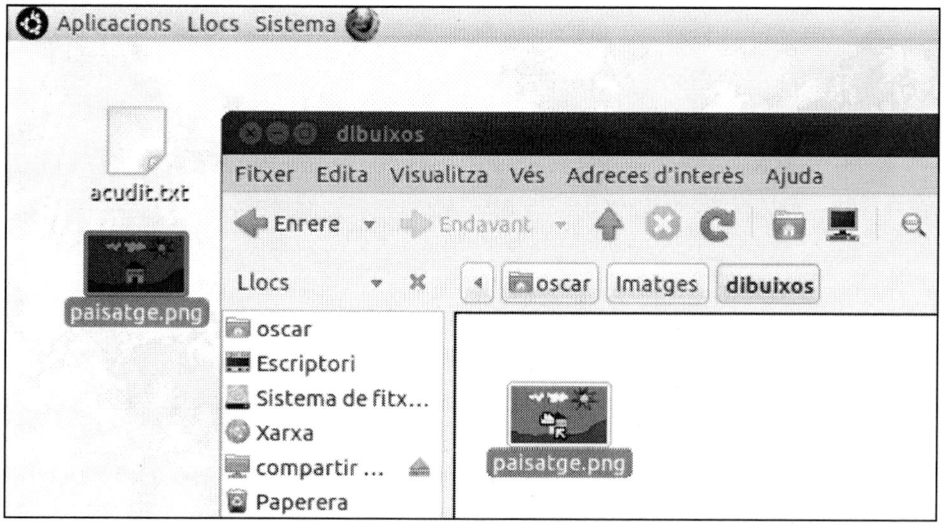

Tornar a una carpeta anterior

El text dels acudits el guardarem en una altra carpeta que crearem dins de la carpeta **Documents** situada dins de la teva **carpeta personal**. Això vol dir que primer s'ha de tornar enrere.

3. *Just damunt d'on tens la llista de carpetes i arxius (l'àrea més gran de la finestra) veuràs uns botons que contenen el nom de les carpetes que has anat obrint per arribar a la carpeta actual. Fes un clic esquerre damunt de la que representa la teva carpeta personal.*

4. *Ara que ja has retrocedit, pots entrar a la carpeta* **Documents** *i crear la carpeta* **riures**.

Duplicar un arxiu

Duplicar un arxiu pot ser molt útil per donar una còpia a algú, per crear un altre arxiu a partir d'un d'existent (per exemple, volem afegir al dibuix anterior uns quants arbres i un avió, però no volem perdre el dibuix original), per tenir una segona còpia emmagatzemada en un altre lloc (d'aquesta manera ens assegurem de no perdre el document si li passa alguna cosa a l'original).

Bé, ja n'hi ha prou de parlar. Anem a veure com es fa.

5. *Fes un clic dret damunt de l'arxiu* **acudit.txt** *que tens a l'escriptori. De les opcions que mostra el menú contextual, tria'n* **Copia**.

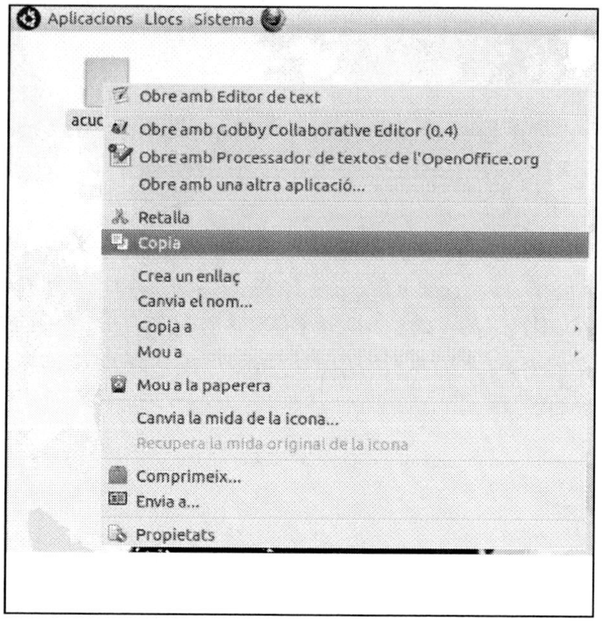

6. *Obre la carpeta* **riures**. *Recorda que la tens dins de la carpeta* **Documents** *que, a la vegada, està dins de la teva carpeta personal.*

7. *Obre el menú contextual de la carpeta riures (botó dret) i tria l'opció* **Enganxa**.

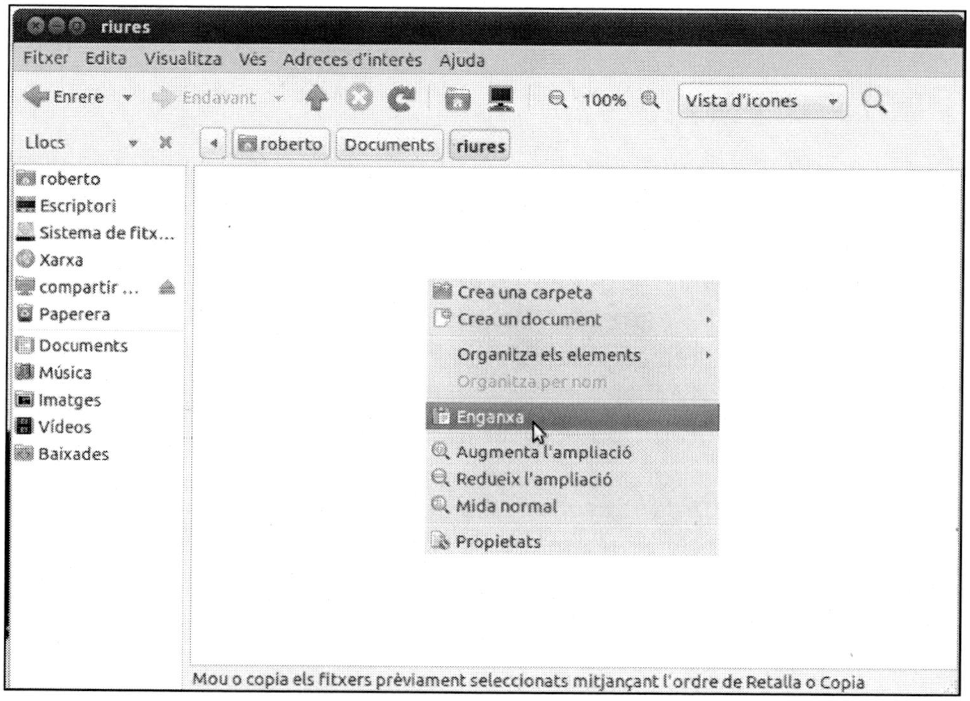

Ara hauries d'estar veient una còpia de l'arxiu acudit.txt dins de la carpeta riures i una altra a l'escriptori.

Recorda!!!
Organitza els teus arxius en carpetes.
Et serà molt més fàcil trobar-los.

Ja no vull el document

8

Ja no vull el document

Ja no vull el document

Dins de l'ordinador passa el mateix que al món real, quan ja no vols un document, el llences a la brossa.

La paperera

La paperera és el lloc on aniran a parar tots els arxius que eliminis. La pots trobar al cantó inferior-dret.

Sempre tindrà una d'aquestes formes:

 Paperera buida. No conté cap arxiu esborrat.

 Paperera plena. S'ha esborrat algun arxiu.

Esborrar un arxiu (primera opció)

Fent una excepció, aquest cop veurem dues maneres diferents de fer la mateixa operació: esborrar un arxiu. Comencem per la manera ràpida.

1. *Volem suprimir l'arxiu* **acudit.txt** *que està dins de la carpeta: carpeta* **personal/Documents/riures**. *Per tant, el primer que farem serà obrir-ne la carpeta.*

2. *Si ja tens la carpeta oberta, fes un clic esquerre damunt de l'arxiu* **acudit.txt**. *Veuràs com canvia de color, la qual cosa vol dir que l'has seleccionat.*
3. *Prem la tecla:*

Recuperar un arxiu esborrat

Ostres! Aquest no era l'arxiu que volíem esborrar! S'ha de recuperar!

4. *Obre la paperera fent un clic esquerre damunt de la seva icona.*

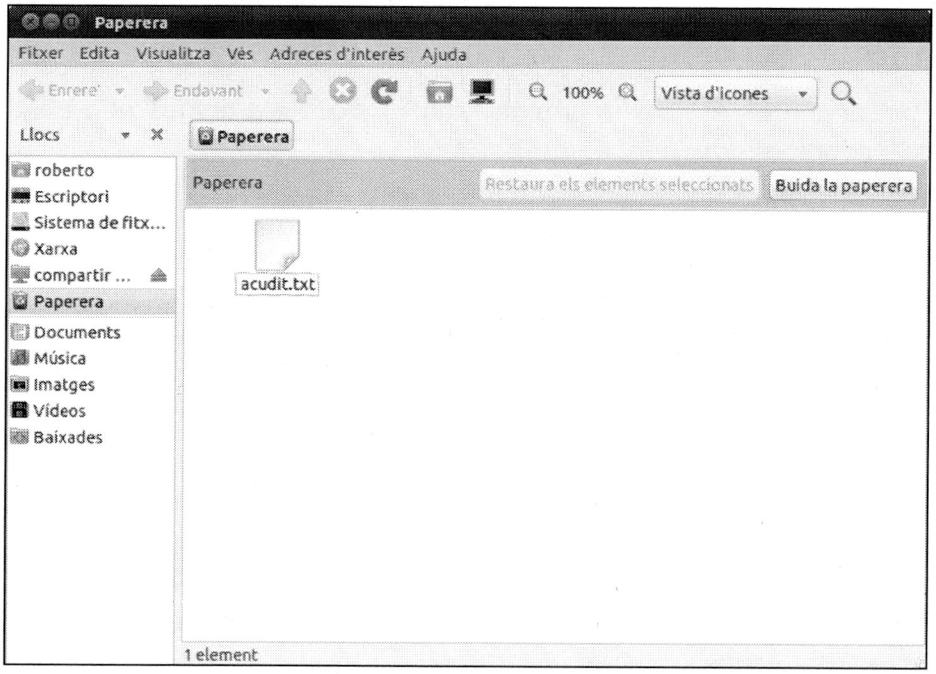

5. *Selecciona l'arxiu* **acudit.txt***. Veuràs que s'activa el botó Restaurar els elements seleccionats. Prem-lo.*

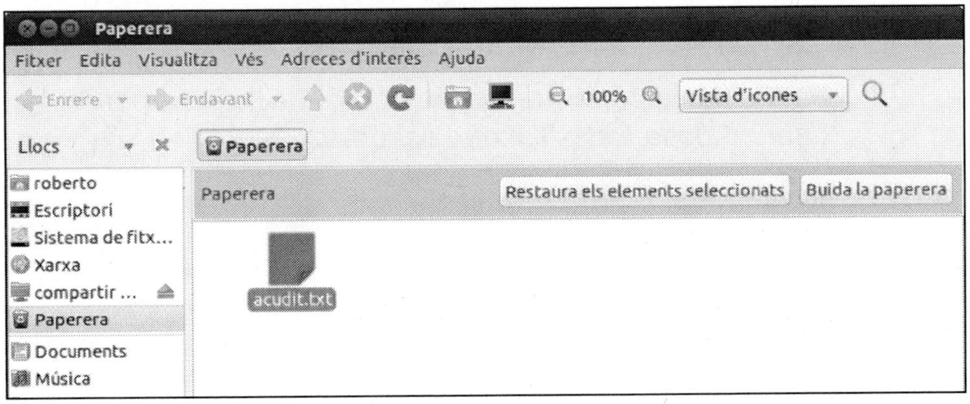

Ugia! l'arxiu ha desaparegut de la paperera
i ha tornat a reaparèixer dins de la carpeta
riures.

Esborrar un arxiu (segona opció)

Ara sí que esborrarem l'arxiu acudit.txt que volíem, el de l'escriptori. Aprofitarem per explicar una segona manera d'eliminar un arxiu.

6. *Obre el menú contextual de l'arxiu (fes-hi un clic dret al damunt) i tria'n l'opció:* **Mou a la paperera***.*

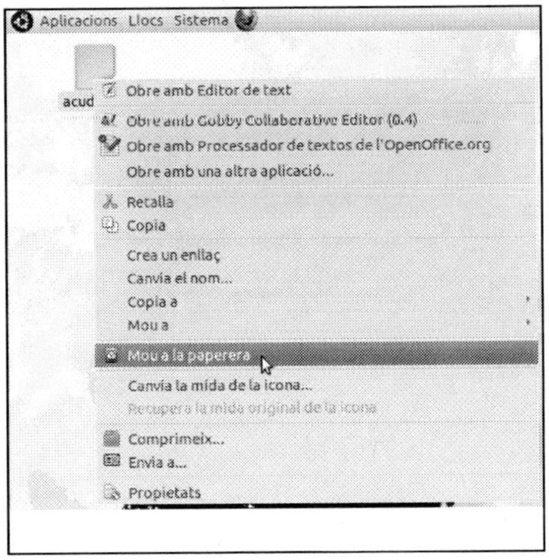

Buidar la paperera

Sí, aquí també s'ha de buidar la paperera. Però recorda que, si fas aquesta acció, no podràs recuperar-ne el contingut.

7. *Per buidar la paperera, prem el botó* **Buida la paperera** *que tens damunt de la llista d'arxius esborrats.*

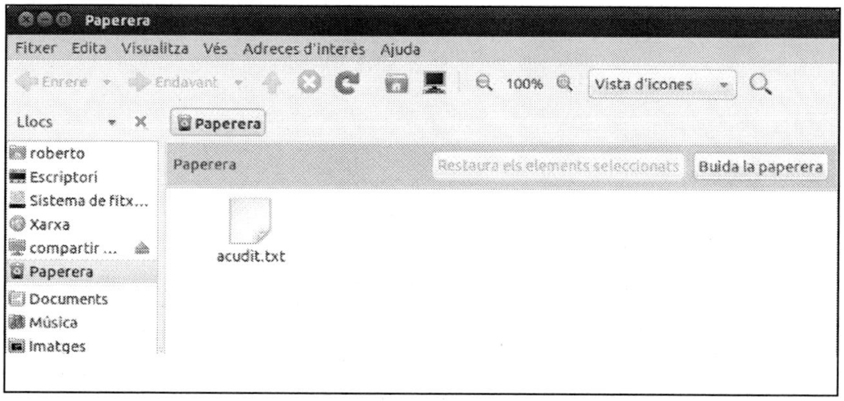

Apareixerà un diàleg demanant-ne la confirmació.

Recorda que si continues endavant, després no podràs recuperar el que contenia la paperera.

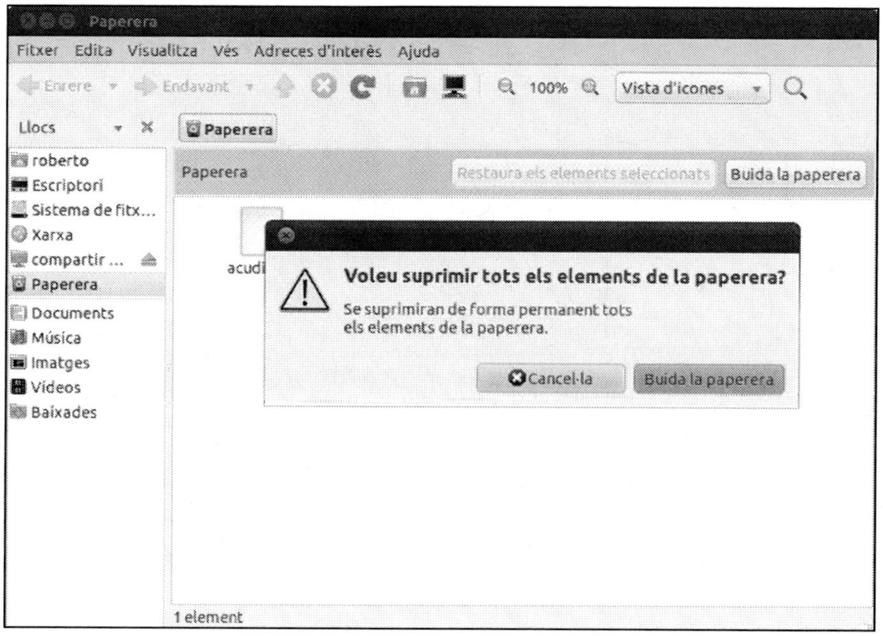

8. *Si n'estàs segur, prem el botó* **Buida la paperera** *del diàleg i llestos.*

Ai! Si fos tan fàcil baixar la brossa...

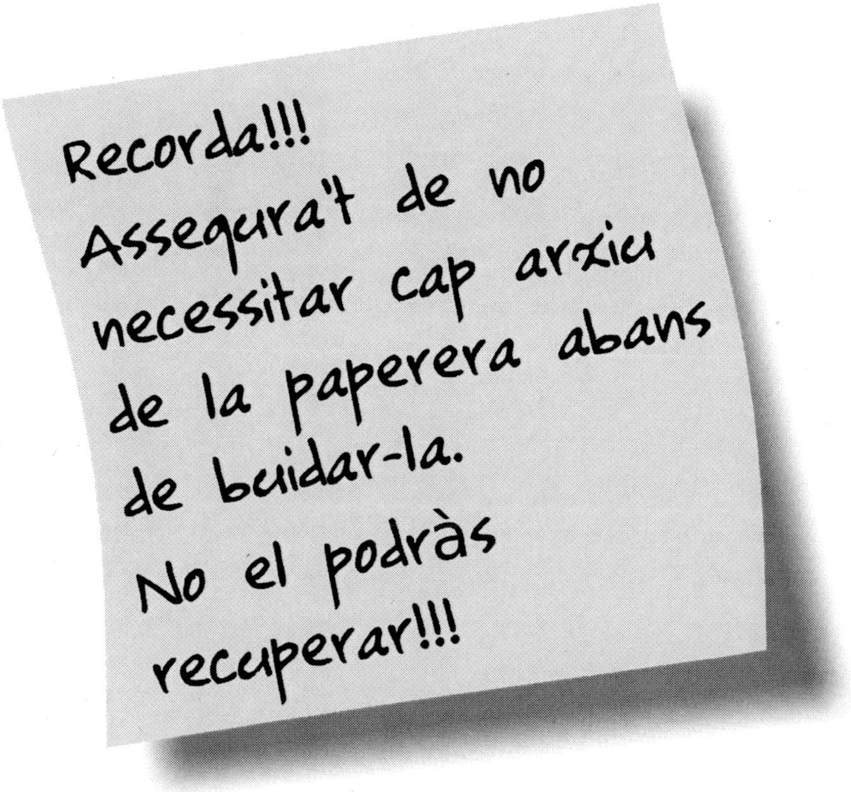

Jugant amb les matemàtiques 9

Jugant amb les matemàtiques

Jugant amb les matemàtiques

Que les matemàtiques no serveixen per a res? Ja! Doncs aquest cop les faràs servir per salvar el planeta. Preparat?

1. *Obre el menú* **Aplicacions/Educació/Tux Math**.

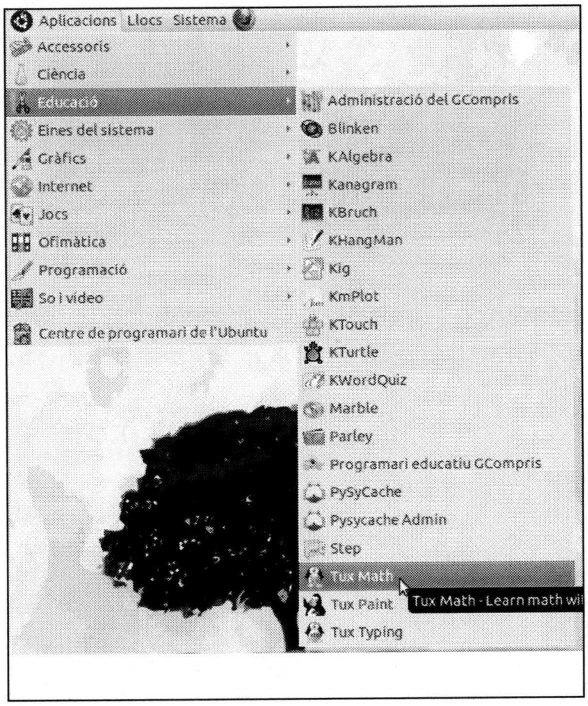

Aquest cop el programa s'obrirà i ocuparà tota la pantalla, sense finestra. No t'espantis.

Salvem el planeta

Se t'ha encomanat la important missió de salvar el planeta. Per fer-ho hauràs de fer servir els teus coneixements matemàtics.

2. *Selecciona la primera opció:* **Jugar solo**.

Abans de començar amb la teva missió, hauràs de seguir un entrenament molt dur, però segur que ho aconsegueixes. Ànims!

3. *Entra a l'***Academia de Entrenamiento de Matemáticas**.

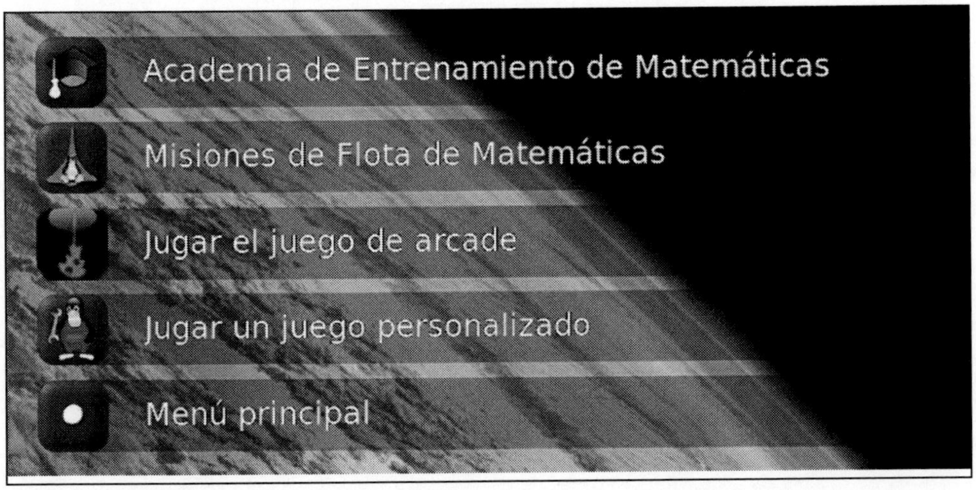

El menú d'entrenaments està ordenat per dificultat.

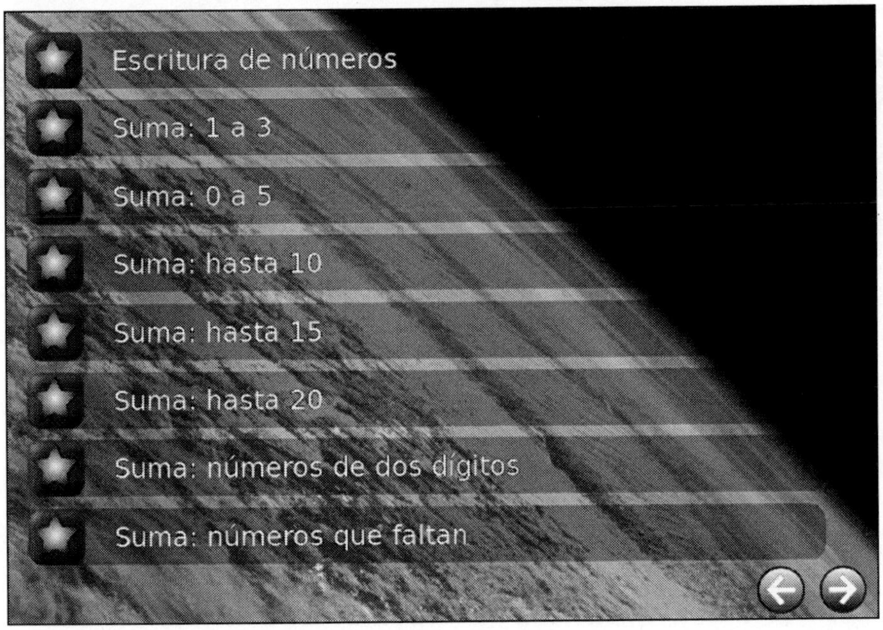

4. *Tria'l segons el teu nivell. Et suggereixo que comencis per un entrenament suau.*

Per superar aquest entrenament, hauràs de protegir els habitants del petit poblat de pingüins dels asteroides que cauen del cel. Per fer-ho, disposaràs d'un canó matemàtic d'última generació.

5. *Que com es dispara? Molt fàcil. Tots els asteroides van acompanyats d'una operació matemàtica. Resol-la, tecleja-la i dispara amb la tecla d'espai.*

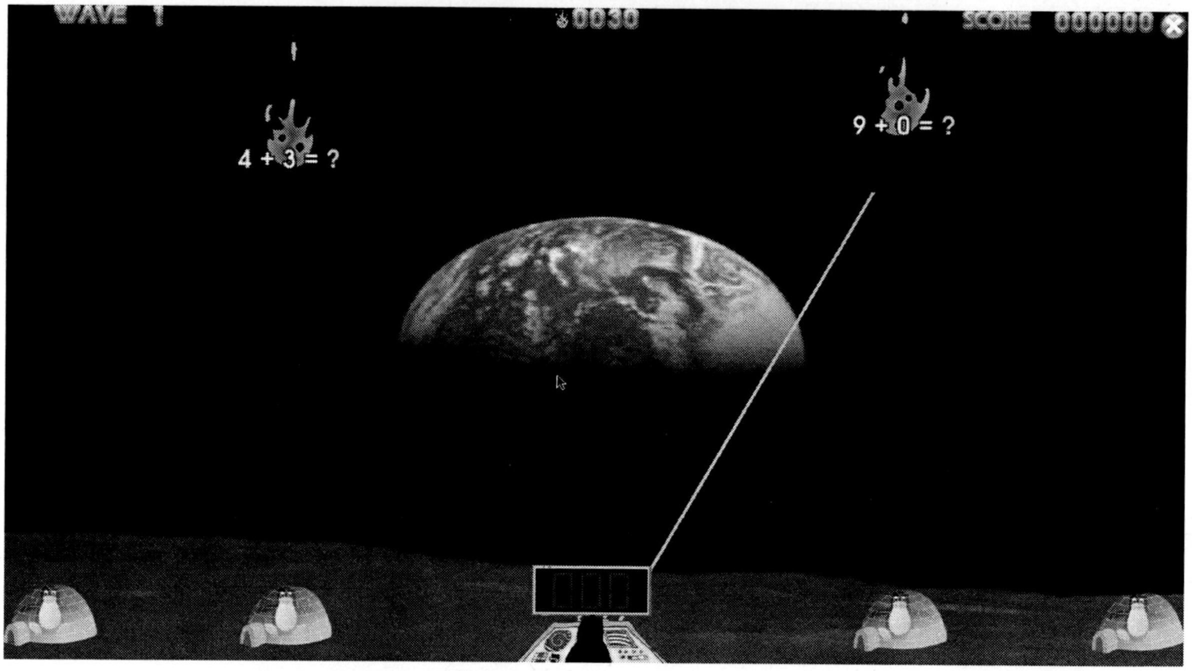

6. *Pots intensificar l'entrenament amb diferents tipus d'operacions. Fes servir les fletxes de la part inferior del menú per veure'n més opcions.*
7. *Per tornar al menú anterior tens dues opcions: prémer la tecla* Esc *o prémer el botó* ⊗ *que trobaràs a dalt, a la dreta.*

Qan finalitzis el teu entrenament estaràs preparat per començar-ne la missióEplaneta compta amb la teva capacitat de càlcul. Edavant!

Factoroides

Gràcies als teus mèrits has ascendit ràpidament i t'has convertit en pilot. Ara ets a primera línia de foc i la teva nova missió serà destruir els asteroides a l'espai, abans que no arribin al planeta.

8. *Torna al menú principal:*

9. *Tria'n l'opció ¡***Factoroides***!*

Amb quina missió t'atreviràs? Factors? Fraccions? Mmm... difícil decisió.

E aquest cas disposaràs d'una petita nau que pots girar a dreta i a esquerra amb les fletxes dreta i esquerra, i que pots frenar o accelerar amb les fletxes a baix o a dalt.

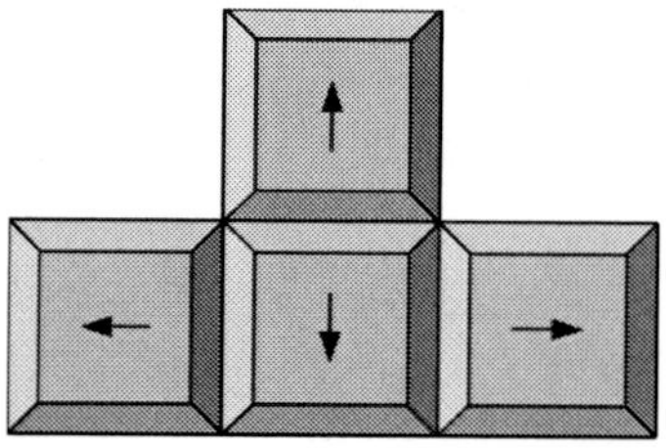

10. *Per destruir els asteroides hauràs de fer que la nau els apunti i teclejar un dels seus factors (divisor primer) abans de disparar amb la tecla d'espai.*

10

I si passem els apunts a l'ordinador?

I si passem els apunts a l'ordinador?

I si passem els apunts a l'ordinador?

A veure què et sembla aquesta proposta: passar els apunts a l'ordinador.

Encara que no ho creguis, té diversos avantatges:

Avantatge 1: Mentre els copies, sense adonar-te, estàs repassant la lliçó.

Avantatge 2: Quan hagis de tornar a estudiar-los per preparar-ne l'examen, et serà molt més agradable un full net i ben escrit que uns apunts de classe plens de ratllades.

Avantatge 3: Mentre els passes, estàs practicant i millorant les teves habilitats amb l'ordinador.

Si t'hi has decidit, començarem amb uns apunts sobre les hores en anglès.

El document final tindrà una forma semblant a aquesta:

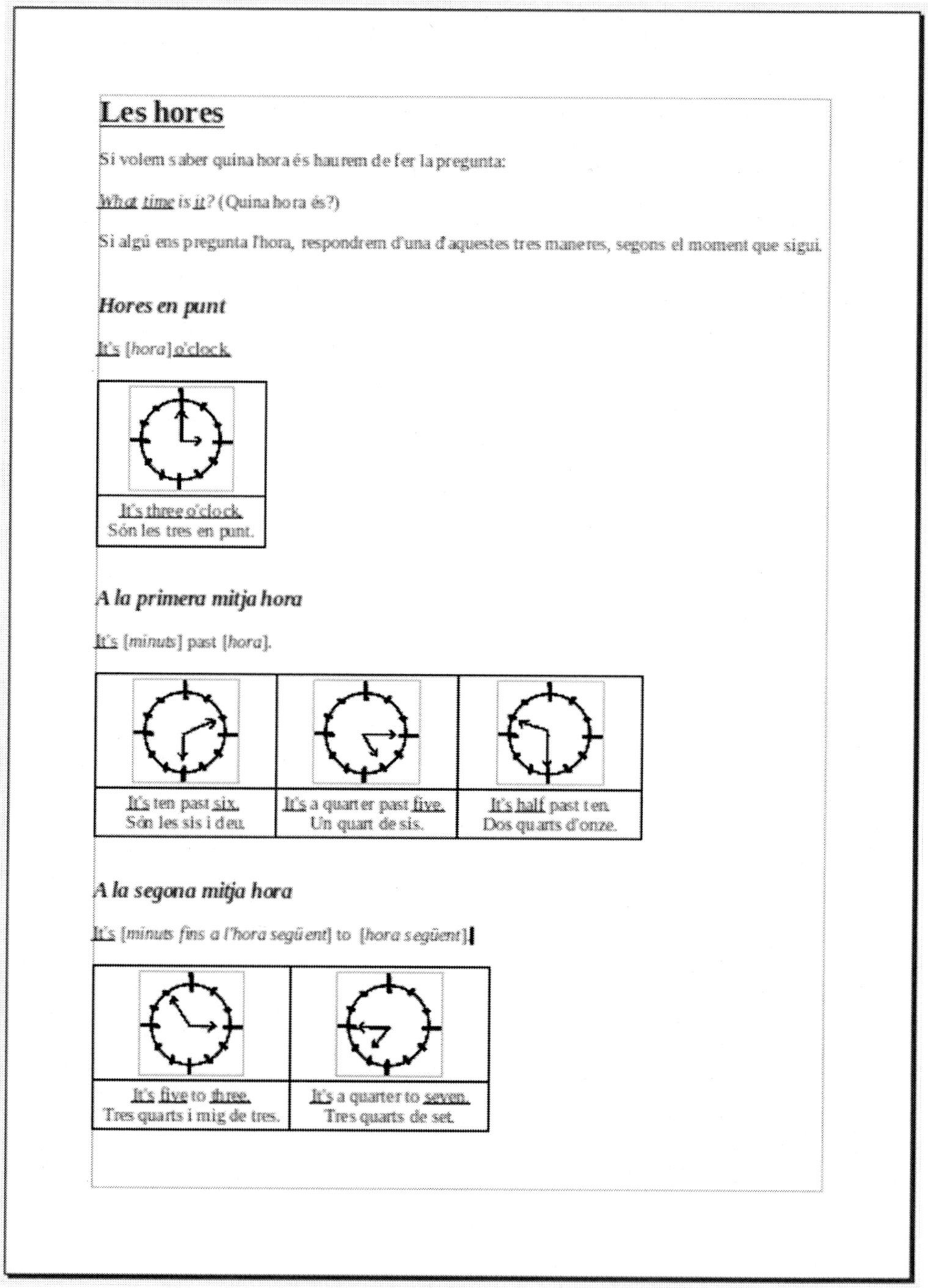

Les hores

Si volem saber quina hora és haurem de fer la pregunta:

What time is it? (Quina hora és?)

Si algú ens pregunta l'hora, respondrem d'una d'aquestes tres maneres, segons el moment que sigui.

Hores en punt

It's [*hora*] o'clock.

It's three o'clock. Són les tres en punt.

A la primera mitja hora

It's [*minuts*] past [*hora*].

It's ten past six. Són les sis i deu.	It's a quarter past five. Un quart de sis.	It's half past ten. Dos quarts d'onze.

A la segona mitja hora

It's [*minuts fins a l'hora següent*] to [*hora següent*].

It's five to three. Tres quarts i mig de tres.	It's a quarter to seven. Tres quarts de set.

Preparant el rellotge

Abans de començar amb els apunts, prepararàs un rellotge sense hores que utilitzaràs com a base per a tots els rellotges dels apunts.

1. *Obre el programa* **KolourPaint** *i fes un dibuix com el de la imatge.*

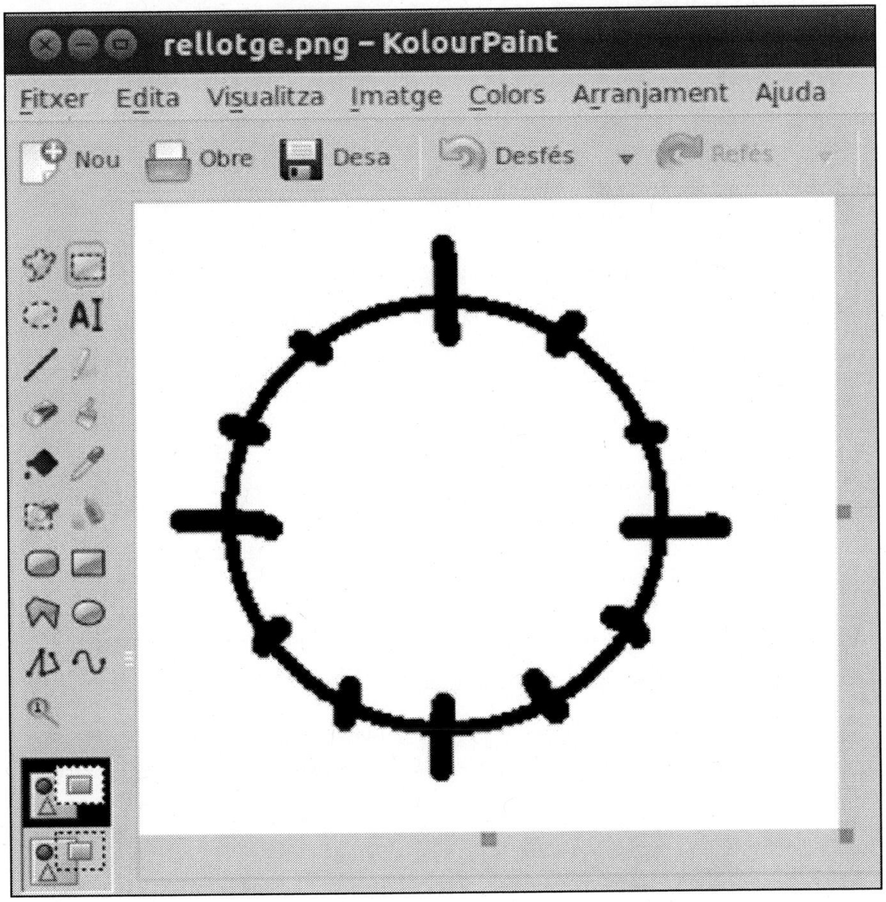

No et preocupis de l'espai que quedi als costats ni de si has centrat el dibuix o no. De tot això, ens n'ocuparem ara.

2. *Abans de seguir, guarda la imatge a la carpeta Imatges amb el nom "***rellotge.png***".*

3. *Selecciona l'opció del menú:* **Imatge/Escapçament Automàtic**.

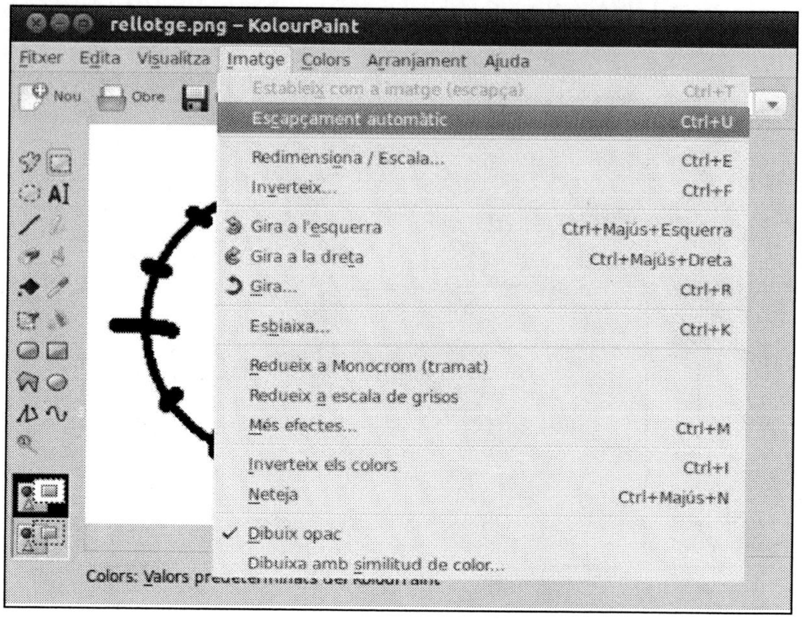

Veuràs que el dibuix s'ha desplaçat cap amunt i cap a l'esquerra i que l'àrea blanca s'ha ajustat al dibuix.

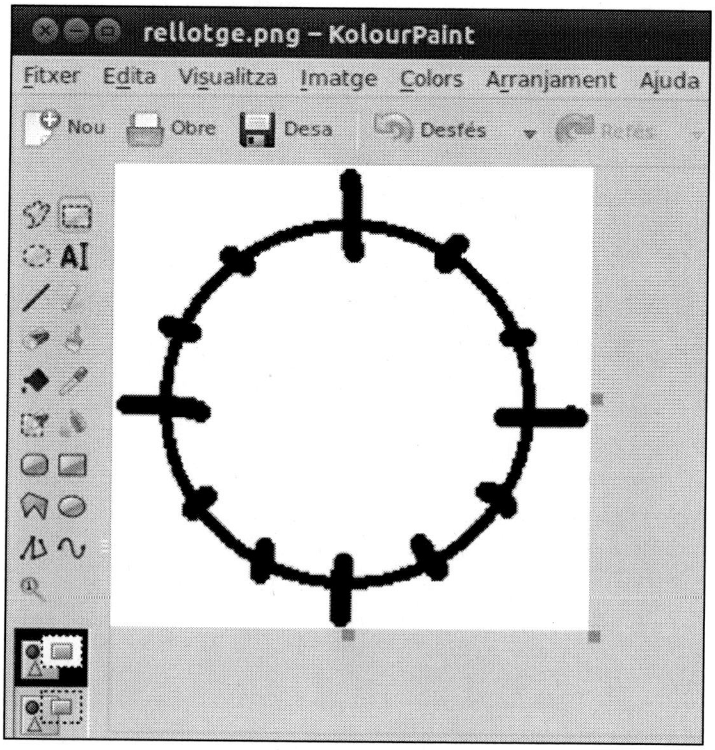

4. *Bé, torna a guardar-ne els canvis, fent un clic al botó* **Desa**, *i llest. Ja pots tancar el dibuix.*

Editor de textos de l'OpenOffice

OpenOffice és una agrupació de programes entre els quals hi ha un editor de textos, un editor matemàtic, un programa de full de càlcul, una eina de dibuix... En aquest cas, utilitzarem l'editor de textos.

5. *Pots obrir el programa des del menú:* **Aplicacions/Oficina/Openoffice.org, Processador de textos**.

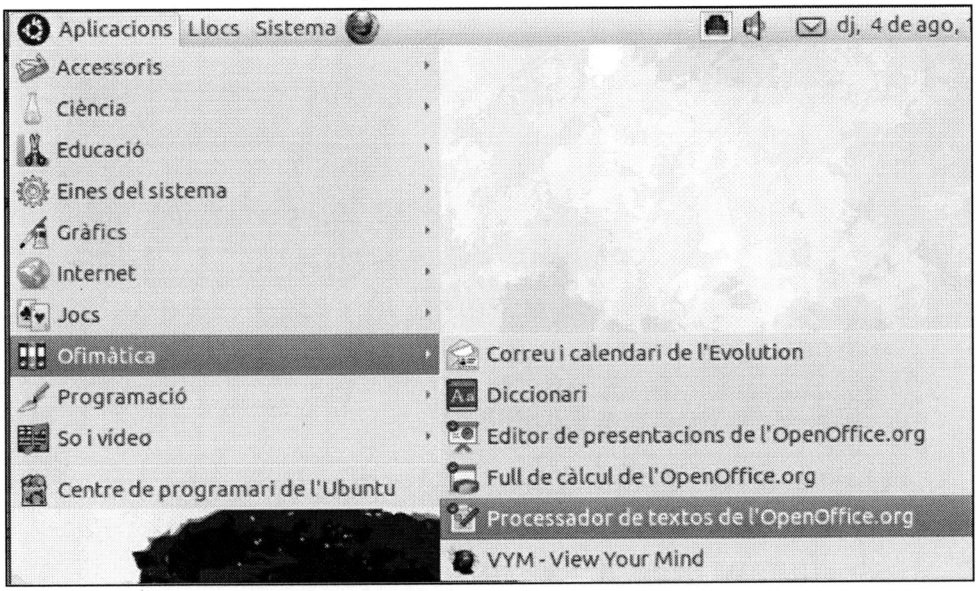

Veuràs una pantalla com la que es mostra a continuació:

A simple vista, veuràs algunes diferències amb el primer editor que hagis fet servir.

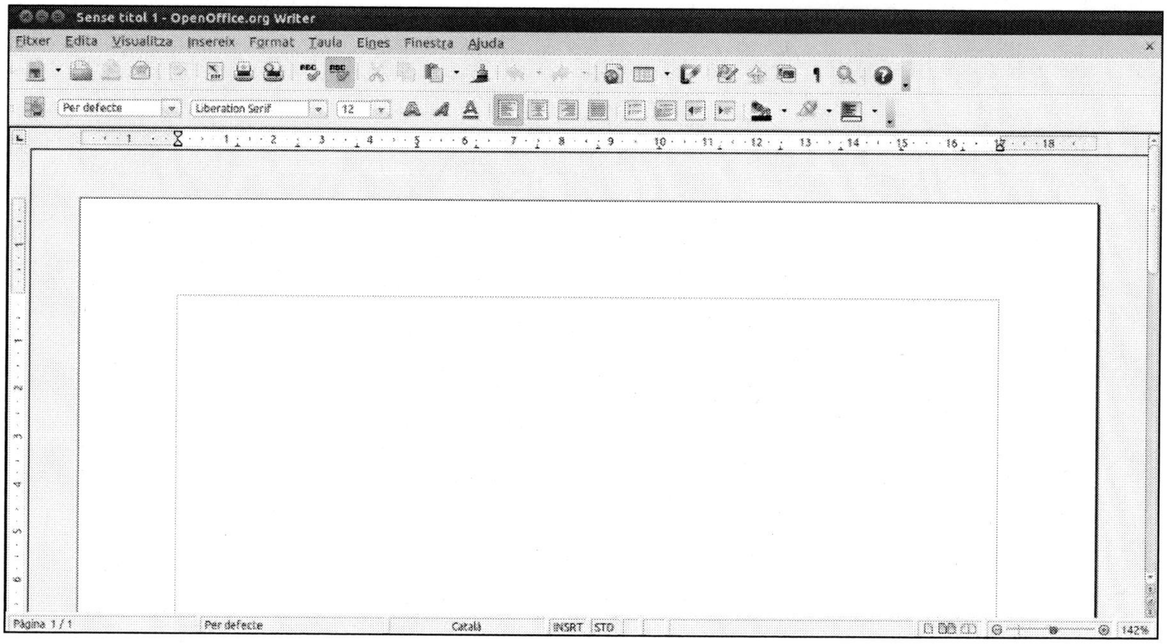

Una d'elles és que té molts més botons. No et preocupis, alguns els aprendràs a utilitzar una mica més a baix i la resta els aniràs descobrint poc a poc.

Una altra, és la zona d'escriptura, que ara té forma de full. Això és perquè els textos els escriurem per a un tipus de full concret, en el nostre cas un A4. D'aquesta manera, a la pantalla podràs veure com queda el full que més tard imprimiràs (si és que cal).

Escrivint text

Abans de començar a escriure, recorda que escrivim en paràgrafs i que la tecla d'**Enter** s'usa per canviar de paràgraf, no de línia, ja que per a això has de fer servir la combinació de **Majúscula** + **Enter**.

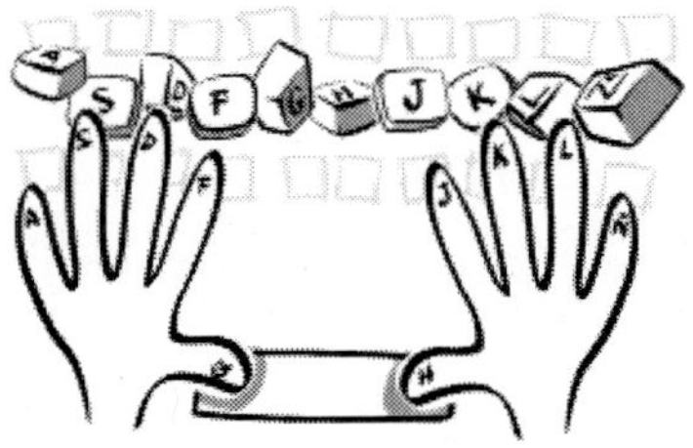

 Tecla **[Enter]**. Canvi de paràgraf.

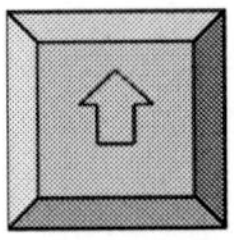 +  Tecles **[Majúscules]** + **[Enter]**. Canvi de línia, però sense canviar de paràgraf.

En el cas dels paràgrafs que ocupen més d'una línia és el mateix cursor el que salta de línia quan ha arribat al final de l'anterior.

6. *Copia el text següent, substituint [**Enter**] per una pulsació a la tecla corresponent.*

Les hores [**Enter**]
[**Enter**]
Si volem saber quina hora és haurem de fer la pregunta:
[**Enter**]
[**Enter**]
What time is it? (Quina hora és?) [**Enter**]
[**Enter**]
Si algú ens pregunta l'hora, respondrem d'una d'aquestes tres maneres, segons el moment que sigui. [**Enter**]
[**Enter**]
Hores en punt [**Enter**]
[**Enter**]
It's [hora] o'clock. [**Enter**]
[**Enter**] *A la primera mitja hora* [**Enter**]
[**Enter**] *It's [minuts] past [hora].* [**Enter**]
[**Enter**]*A la segona mitja hora* [**Enter**]
[**Enter**]
It's [minuts fins a l'hora següent] to [hora següent]. [**Enter**]

Et quedarà una cosa com això:

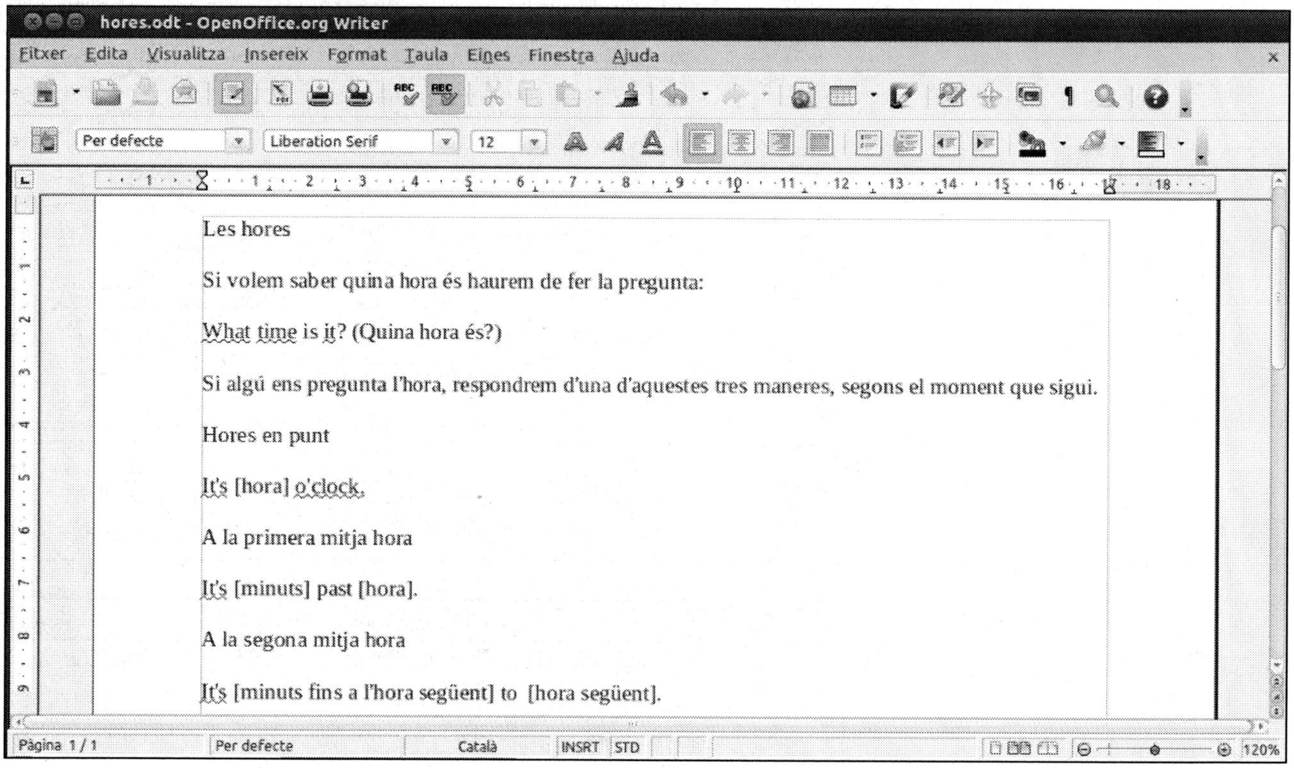

Desar un document

Abans de continuar, seria una bona idea guardar el document.

7. *No et preocupis pel text. Obre la teva carpeta personal i entra a la carpeta* **Documents**. *Dins, crea-hi una carpeta amb el nom: "***anglès***". Aquí és on guardaràs els apunts d'anglès.*

8. *Una altra vegada al programa, fes un clic al menú:* **Fitxer/Anomena i desa...**

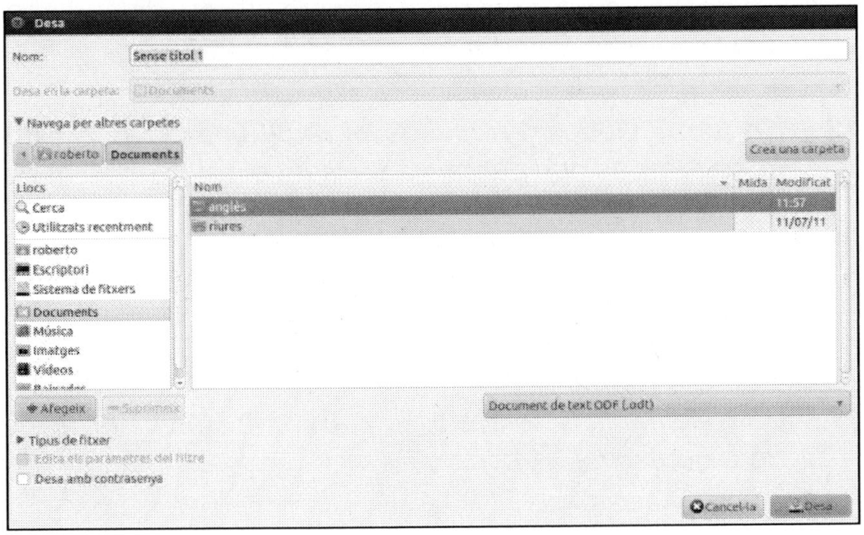

9. *A* **Nom** *escriu el nom que tindrà el document, per exemple "***hores***" i, a la llista de carpetes, fes un doble clic a la carpeta* **anglès***.*

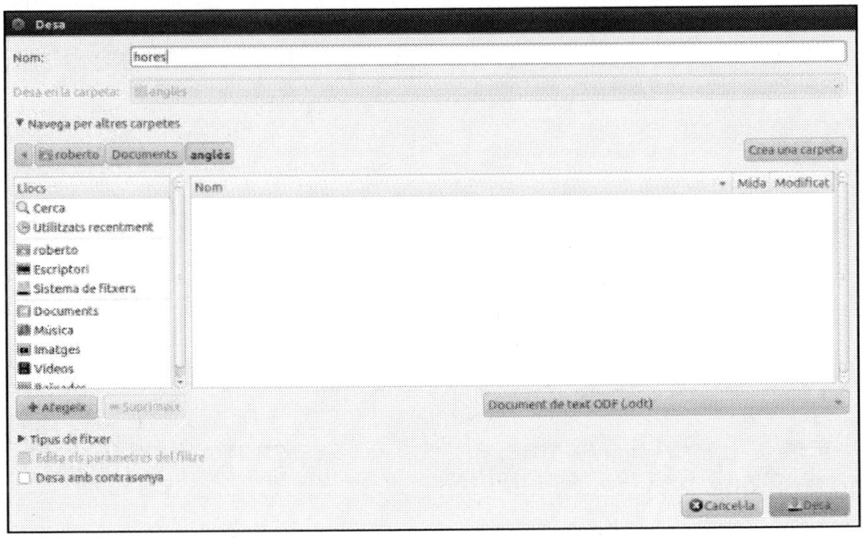

10. *Fes un clic esquerre al botó* **Desa***. Ara que ja tens el document fora de perill, pots continuar amb els formats.*

Seleccionar text

A l'apartat següent aprendràs a donar format al text, però primer hauràs de saber seleccionar el text que vols formatar. Anem a fer-ho.

11. *Col·loca el punter del ratolí, ara amb forma de cursor, al principi o al final de la primera frase: "***Les hores***".*

12. *Ho tens? Doncs, arrossega el ratolí fins a l'altre extrem de la frase. Veuràs que per on va passant el ratolí es va quedant fosc.*

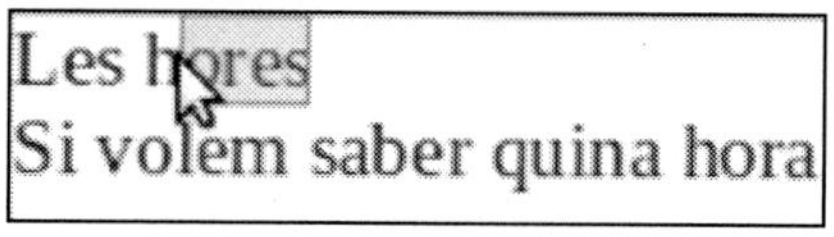

13. *Com s'elimina la selecció d'un text? Molt fàcil. Fes un clic esquerre a qualsevol altre lloc.*

Donar format al text

Damunt de la zona on escrius el text hi ha una sèrie de botons. Alguns d'ells serveixen per donar format al text, anem a veure'ls:

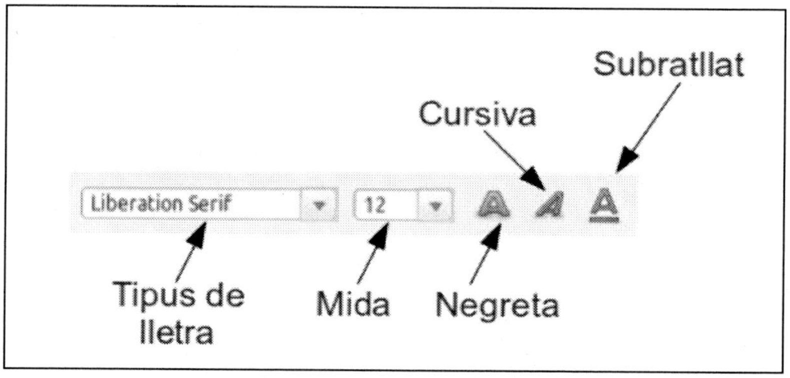

Anem pel primer format, el títol de les anotacions. Aquests són els passos que has de seguir:

14. *Primer, selecciona la primera frase: "***Les hores***".*
15. *Segon, desplega la llista de* **grandàries de la lletra***, fent un clic a la fleta de la caixa on hi ha el nombre, i selecciona:* **20**.
16. *Tercer, fes un clic esquerre al botó de negreta.*
17. *Quart, fes un clic esquerre al botó de subratllat.*
18. *Cinquè, desselecciona el text.*

Fàcil, oi?

19. *Acaba d'aplicar els formats que falten:*

*La frase "***What time is it***? (Quina hora és?)" en cursiva.*
*Els subtítols: "***Hores en punt***", "***La primera mitja hora***" i "***La segona mitja hora***", a grandària 14, negreta i cursiva.*

Totes les paraules entre claudàtors [ ], incloent-hi els claudàtors, en cursiva.

Es veurà alguna cosa així:

Les hores

Si volem saber quina hora és haurem de fer la pregunta:

What time is it? (Quina hora és?)

Si algú ens pregunta l'hora, respondrem d'una d'aquestes tres maneres, segons el moment que sigui.

Hores en punt

It's *[hora]* o'clock.

A la primera mitja hora

It's *[minuts]* past *[hora]*.

A la segona mitja hora

It's *[minuts fins a l'hora següent]* to *[hora següent]*.

20. *Abans de seguir, guarda les modificacions que has fet. Pots utilitzar el botó* **Guardar** *(et deixo que el busquis) o seleccionar l'opció del menú:* **Fitxer/Desa**.

Inserir taules

21. *Col·loca el cursor a la línia de sota la frase "***It's** *[hora]* **o'clock***".*
Aquest serà el lloc on afegiràs la primera taula.

22. *Fes un clic esquerre en el botó per crear taules. Vigila! No ho facis damunt del dibuix de la taula, fes-ho damunt de la fletxa que hi ha al seu costat.*

23. *Desplaça el ratolí fins que hi hagi dues caselles seleccionades de la primera columna.*

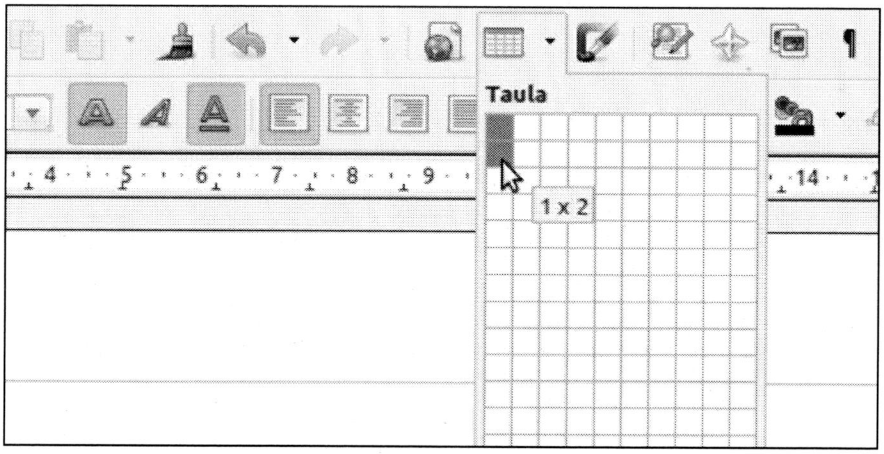

24. *Si hi fas un clic ara, veuràs com apareix una taula, d'una sola columna i dues files, just on estava el cursor.*

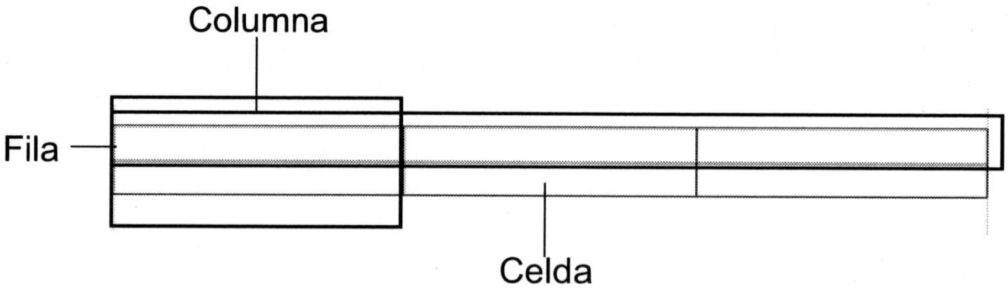

25. *De la mateixa manera, afegeix una taula de dues files i tres columnes per a l'apartat següent i una taula de dues files i dues columnes per a l'últim.*

Hores en punt

It's [*hora*] o'clock.

A la primera mitja hora

It's [*minuts*] past [*hora*].

A la segona mitja hora

It's [*minuts fins a l'hora següent*] to [*hora següent*].

Escriure a la taula

Cadascuna de les capsetes que formen una taula rep el nom de cel·la, i en aquestes cel·les, s'hi pot escriure.

26. *Fes un clic esquerre a la segona cel·la de la primera taula, la d'"***Hores en punt***". Ara hauria d'estar el cursor a dins.*

27. *Escriu:*

> It's three o'clock. **[Enter]**
> Són les tres en punt.

28. *A la segona fila de la segona taula, escriu el que t'escric seguidament:*

It's ten past six. **[Enter]**
Són les 6 i deu.

*It's a quarter past five.***[Enter]**
És un quart de sis.

It's half past ten. **[Enter]**
Són dos quarts d'onze.

29. I a la segona fila de la tercera taula:

It's five to three. **[Enter]**
Tres quarts i mig de tres.

It's a quarter to seven. **[Enter]**
Tres quarts de set.

Hores en punt

It's [*hora*] o'clock.

It's three o'clock. Són les tres en punt.

A la primera mitja hora

It's [*minuts*] past [*hora*].

It's ten past six. Són les sis i deu.	It's a quarter past five. Un quart de sis.	It's half past ten. Dos quarts d'onze.

A la segona mitja hora

It's [*minuts fins a l'hora següent*] to [*hora següent*].

It's five to three. Tres quarts i mig de tres.	It's a quarter to seven. Dos quarts de set.

Inserir imatges a la taula

Recordes el rellotge sense hora que has fet? Doncs, ha arribat el moment de fer-lo servir.

30. *Sense tancar el text, obre'l amb el programa* **KolourPaint** *i dibuixa'n les busques perquè indiquin les tres en punt.*

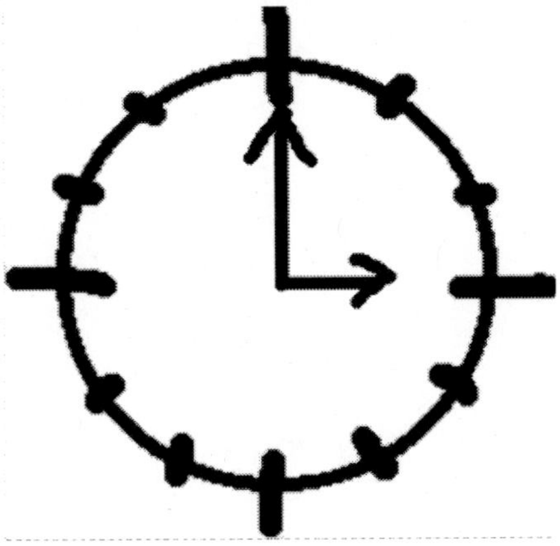

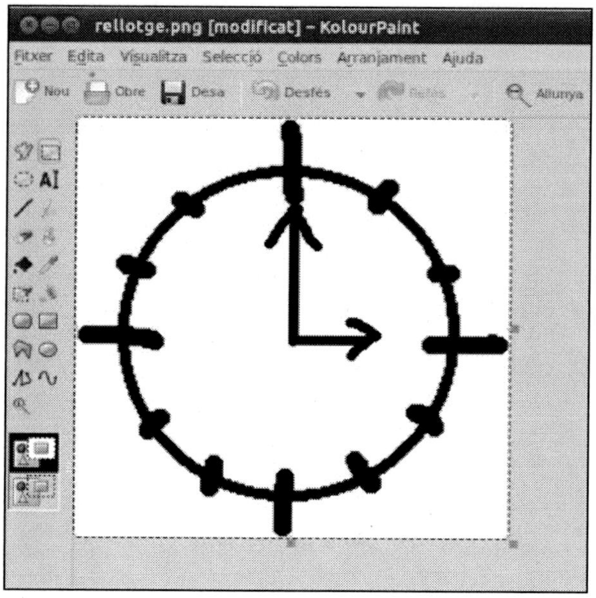

31. Guarda el dibuix, però fes-ho amb un altre nom. El rellotge buit el necessitaràs per a la resta d'hores.

Per traslladar el rellotge a les anotacions, en farem una còpia (com la que hem fet amb l'arxiu).

32. Primer, selecciona tot el dibuix amb l'opció del menú: **Edita/ Selecciona-ho tot**.

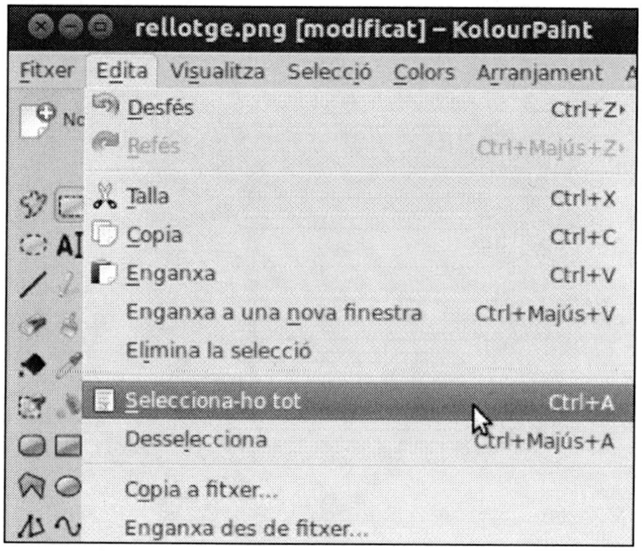

33. Segon, copia el dibuix utilitzant l'opció del menú: **Edita/Copiar**.

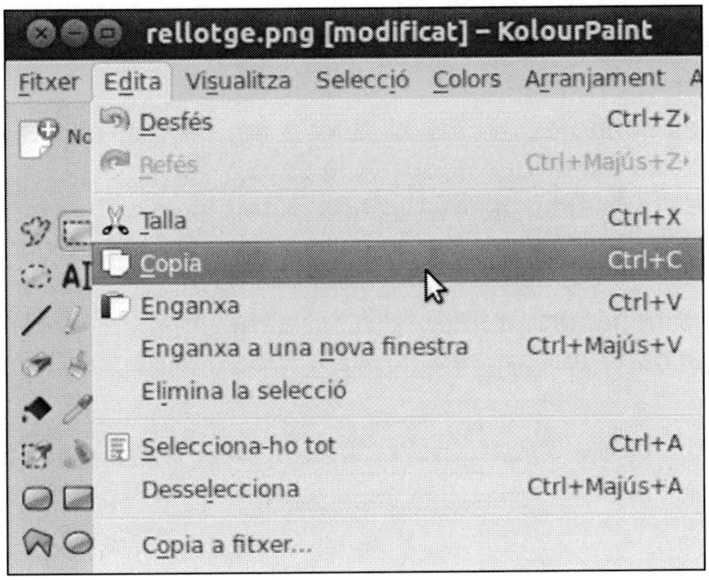

34. *Tercer, torna als apunts fent un clic damunt de la seva finestra.*

Col·loca el cursor a la primera cel·la de la primera taula i enganxa-hi el rellotge: **Edita/Enganxa**.

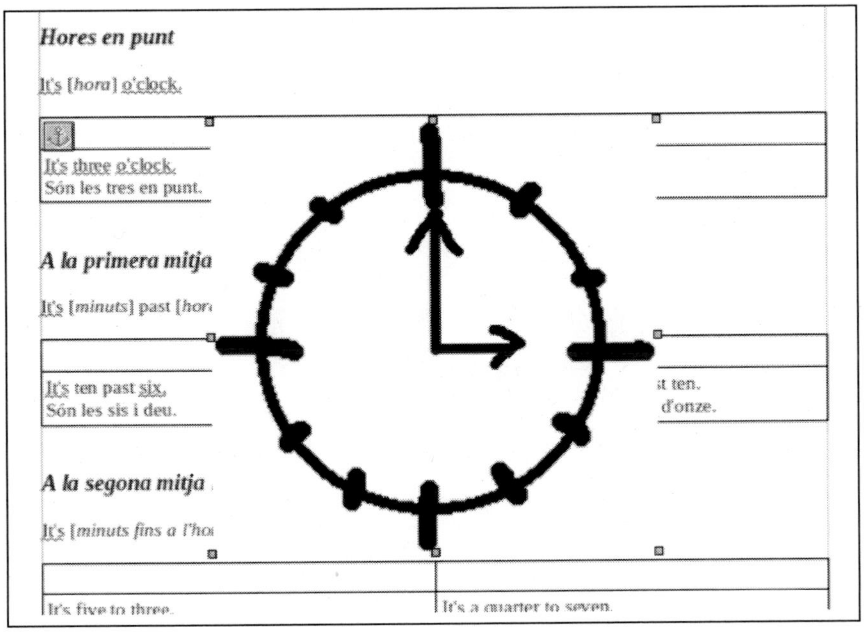

Encaixar la imatge

Queda una mica estrany el rellotge posat així. No et preocupis, anem a arreglar-lo.

Recordes quan has afegit el text a les cel·les, com s'han fet més grans?, això és perquè adapten la seva altura per poder contenir-hi tot el text. Anem a aprofitar-nos d'això convertint la imatge en un caràcter per obligar la cel·la al fet que s'hi adapti.

35. *Fes un clic dret damunt de la imatge enganxada. Al menú contextual que apareix, selecciona'n l'opció:* **Àncora/Com a caràcter**.

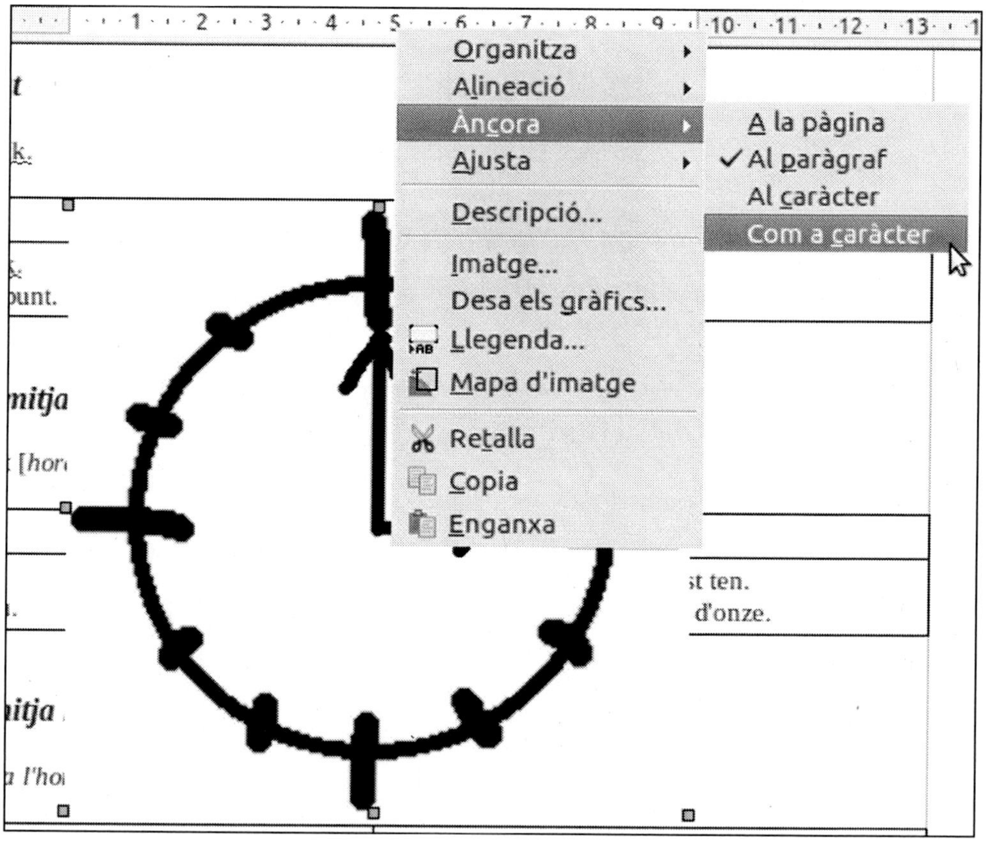

Ajustar l'amplada de la imatge

Pots reduir la grandària de la imatge igual com ho has fet amb l'àrea de dibuix al programa **KolourPaint**, arrossegant els quadradets que envolten el rellotge.

Ara t'explicarem un altre mètode que et permetrà fer tots els rellotges exactament de la mateixa grandària.

36. *Obre el menú contextual de la imatge i selecciona'n l'opció:* **Imatge**...

37. *A la finestra que s'obre, selecciona'n la pestanya* **Escapça**.

38. *I finalment, a l'apartat* **Mida de la imatge**, *modifica'n l'alçada i l'amplada perquè siguin de 2,5cm.*

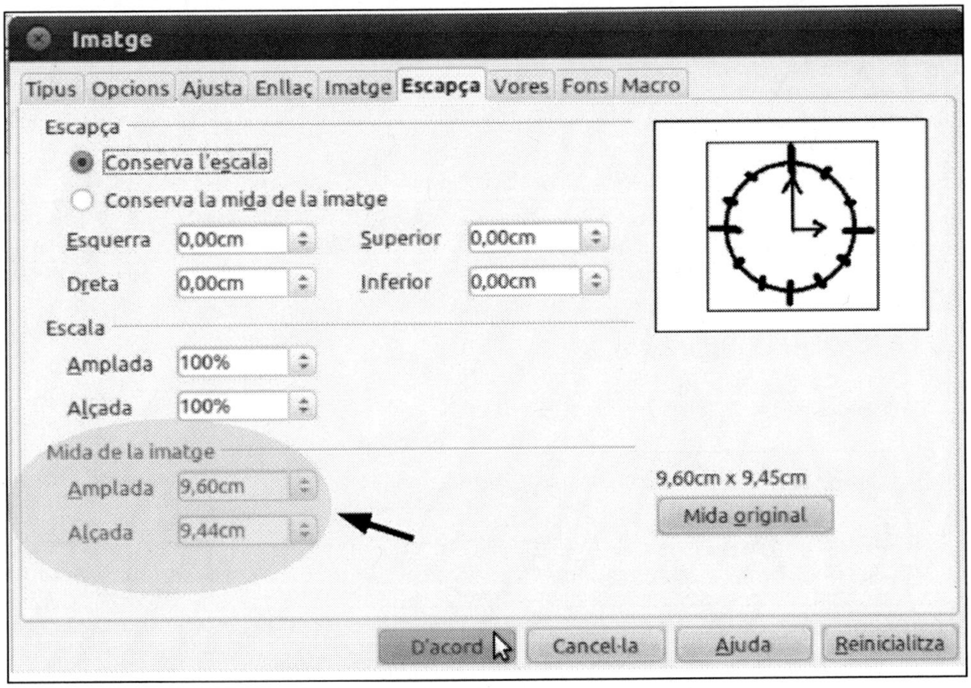

39. *Accepta'n els canvis i llest.*

40. *Aquest és un bon moment per afegir-hi la resta de rellotges i guardar-ne els canvis. Com que els rellotges els aniràs fent sobre la marxa i trigaràs una mica, et recomano que guardis el document després d'inserir-hi cada rellotge.*

Canviar la grandària de les cel·les

Com que totes les taules tenen un nombre diferent de columnes, les cel·les també tenen un ample diferent. Anem a igualar-lo.

41. *Col·loca el punter del ratolí just damunt de la línia vertical que limita la taula per la dreta fins que tingui aquesta forma:*

42. *Ara arrossega el ratolí cap a l'esquerra. Això farà que la taula es faci més estreta.*

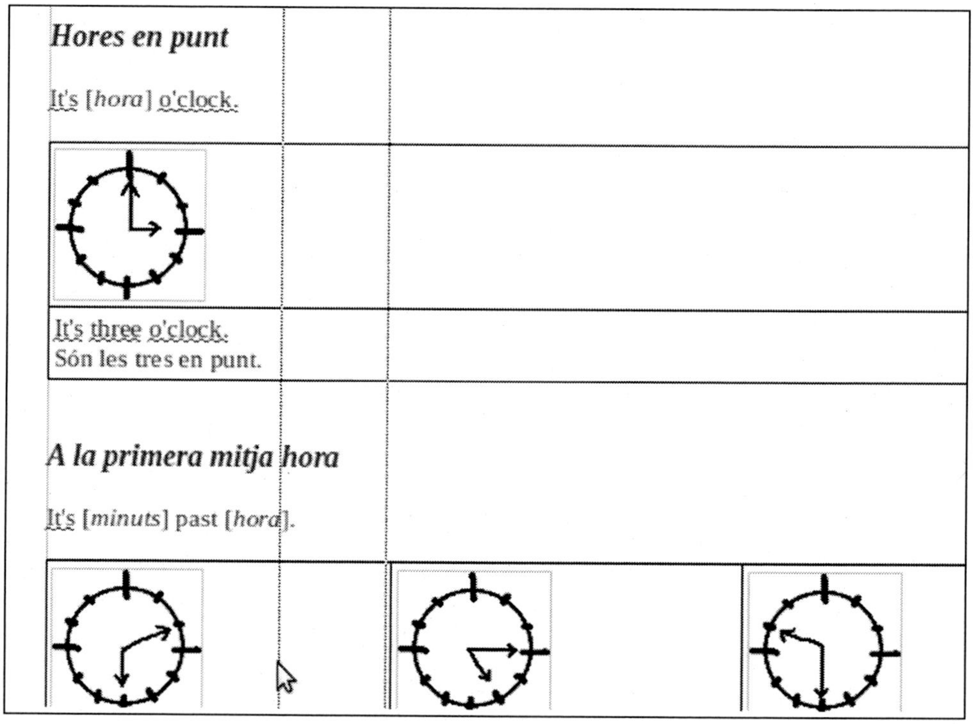

43. *Fes el mateix amb la resta de taules i cel·les.*

Centrar el contingut de la taula

Anem a acabar el document centrant el contingut de cada cel·la.

44. *Col·loca el punter del ratolí en un dels extrems de la taula, per exemple a la cel·la inferior-dreta, i arrossega'l fins a l'extrem*

oposat, la cel·la superior-esquerra.

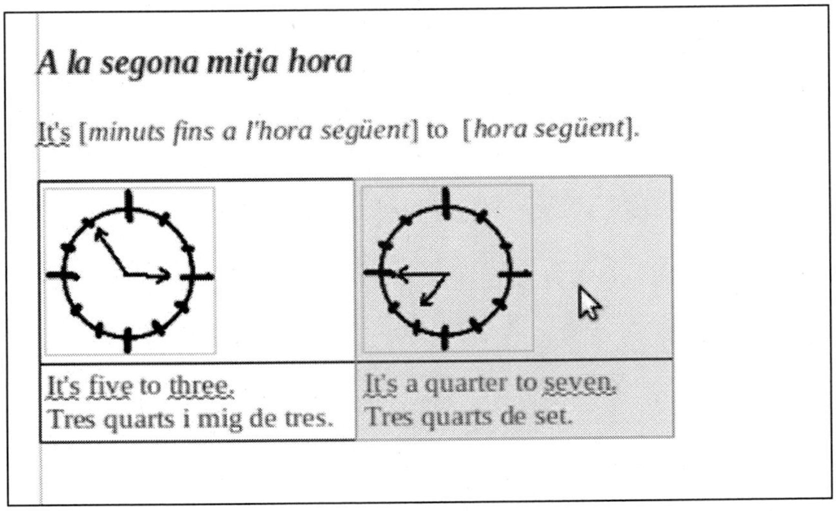

45. *Fes un clic esquerre al botó de* **Centrar**.

46. *Realitza la mateixa operació amb les altres taules i guarda'n els canvis al document.*

Molt bé! Has aconseguit acabar els apunts d'anglès. T'animo a fer el mateix amb els altres apunts de classe.

Imprimir, però només quan sigui necessari

11

Imprimir, però només quan sigui necessari

Imprimir, però només quan sigui necessari

En alguna ocasió tindràs la necessitat d'imprimir els teus documents, pensa-t'ho dues vegades i si creus que és realment necessari, endavant.

Per descomptat que t'animem a reciclar tant com puguis els folis que compris. Tingues en compte que els folis surten dels arbres talats i que aquests arbres també són éssers vius i molt importants per al planeta.

Algunes idees per reaprofitar el paper:

Fes-ne servir les dues cares. No llencis el paper imprès només per una cara, et pot servir per prendre notes, fer proves d'impressió, prendre els apunts a classe per passar-los després a l'ordinador...

Converteix-lo en alguna cosa bonica. Pots utilitzar-lo en les teves manualitats, per embolicar regals, per folrar carpetes o llibres...

Recicla'l. Si decideixes que ja no el pots aprofitar més, no ho llencis a les escombraries.

Per reciclar-lo pots usar els contenidors de reciclatge o, si t'hi animes, pots fer els teus propis folis a casa (demana ajuda als teus professors).

Ha arribar l'hora d'imprimir els teus apunts.

1. *Amb el document* **hores.odt** *obert i la impressora encesa, selecciona l'opció:* **Fitxer/Imprimeix...**

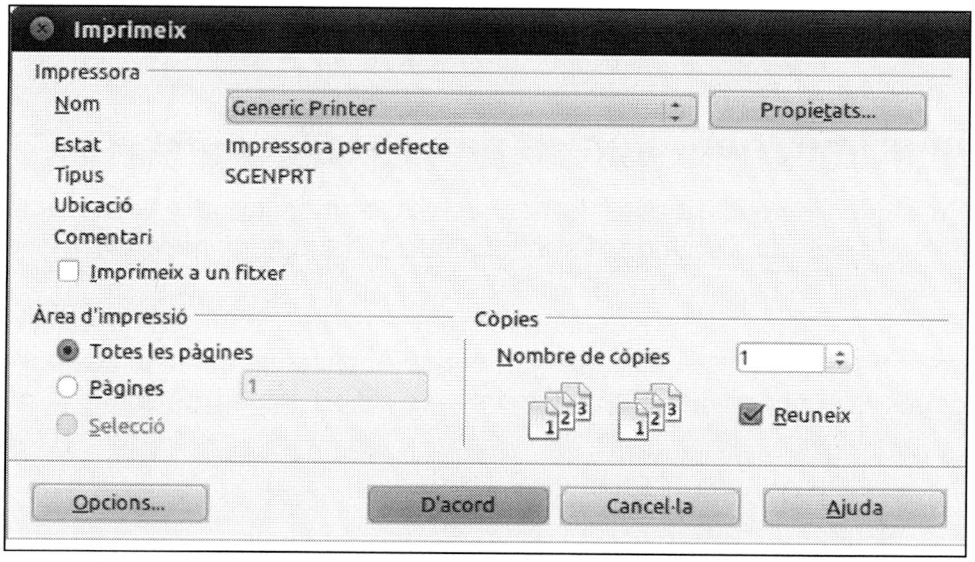

2. *Al diàleg de configuració fes un clic esquerre al botó* **Acceptar** *i observa com surt el full imprès.*

Si en vols imprimir més d'una, de còpia, pots indicar-ho a la caixa de text etiquetada com a Exemplars.

Si no vols imprimir tot el document, a l'apartat Àrees d'impressió selecciona l'opció

Pàgines i, a la casella de text que l'acompanya, indica quines pàgines vols imprimir. Aquí hi ha alguns exemples de com imprimir només algunes pàgines.Aquí hi ha alguns exemples de com imprimir només algunes pàgines.

Exemple 1: Imprimir les pàgines: 1, 3, 5, 6 i 9. S'escriuen els nombres de pàgina separats per comes.

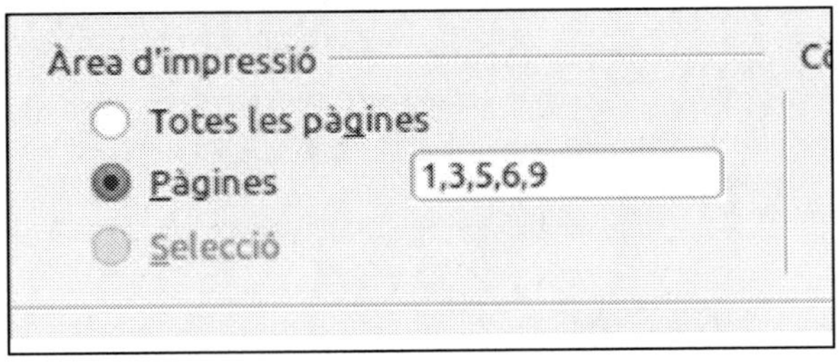

Exemple 2: Imprimir totes les pàgines entre la 3 i la 7 (la 3 i la 7 també). S'escriu la primera i l'última pàgina separades per un guió.

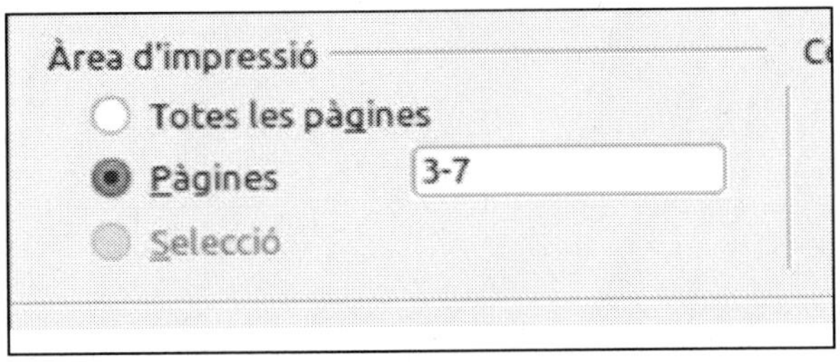

Exemple 3: Imprimir les pàgines 1, 12 i 18 i totes les pàgines compreses entre la 5 i la 10. S'hi poden combinar les comes i els guions.

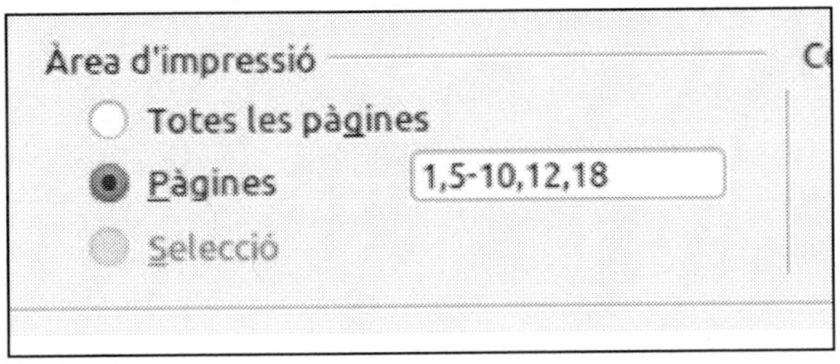

Recorda!!!

Imprimeix només quan calgui. Malgastar paper vol dir matar arbres de manera innecessària. Recicla i reutilitza.

Com li envio els apunts, a un amic?

12

Com li envio els apunts, a un amic?

Com li envio els apunts, a un amic?

Ja has acabat els apunts d'anglès i els vols compartir amb el teu amic Pere, a veure si aquesta vegada aconsegueix aprovar l'examen. Els hi enviaràs utilitzant el correu electrònic.

Necessitaràs que l'ordinador estigui connectat a Internet i tenir el teu compte de correu electrònic configurat al programa de correu, tal com s'explica a l'apartat: "Configurar un programa de correu electrònic" al capítol següent.

1. *Obre el menú contextual de l'arxiu* **hores.odt**. *Recorda que era amb el botó dret, i selecciona'n l'opció:* **Envia a...**

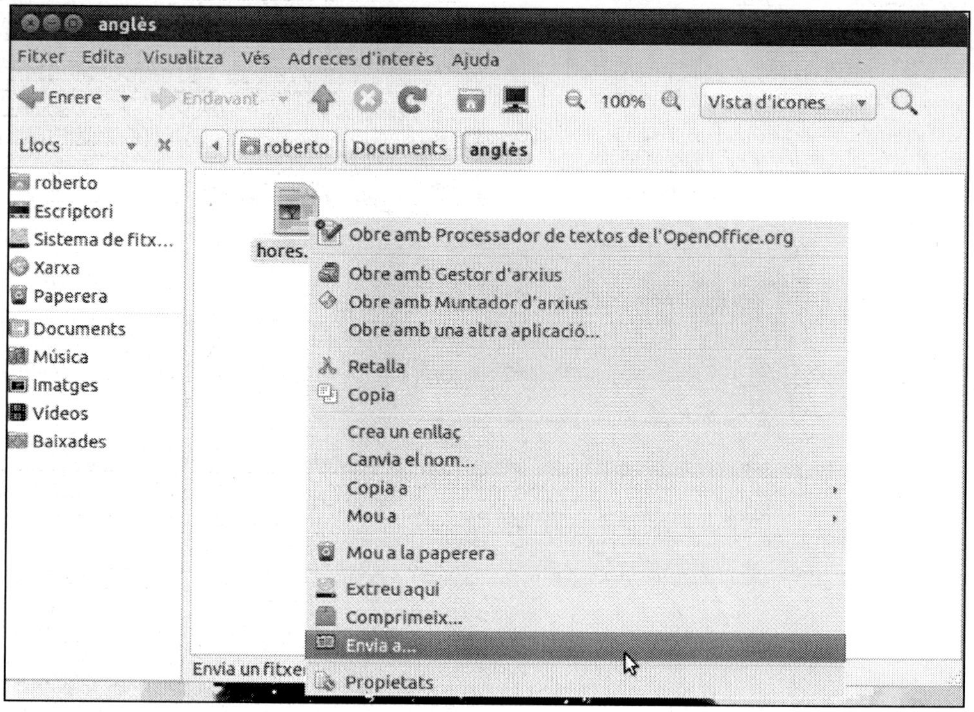

2. *A la finestra que s'obre, selecciona de la llista etiquetada com* **Enviar com***, l'opció* **Correu-e***, i a la caixa de text etiquetada com a* **Enviar a***, el correu electrònic del teu amic, a l'exemple: :* **pere. dj@yahoo.es***.*

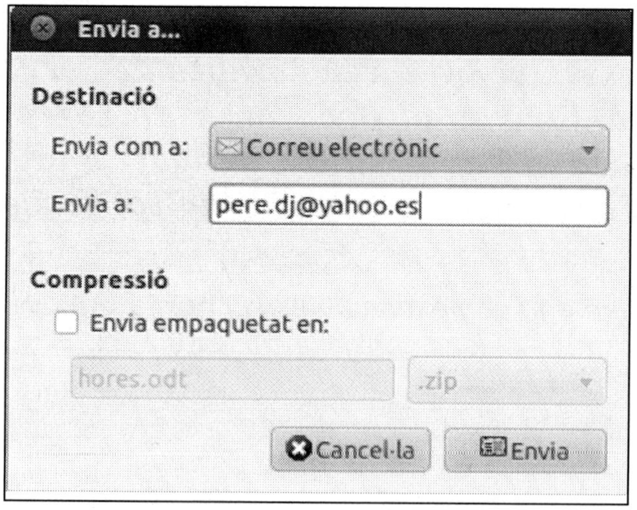

3. *Fes un clic al botó* **Enviar***. Això obrirà una finestra per enviar correus electrònics.*

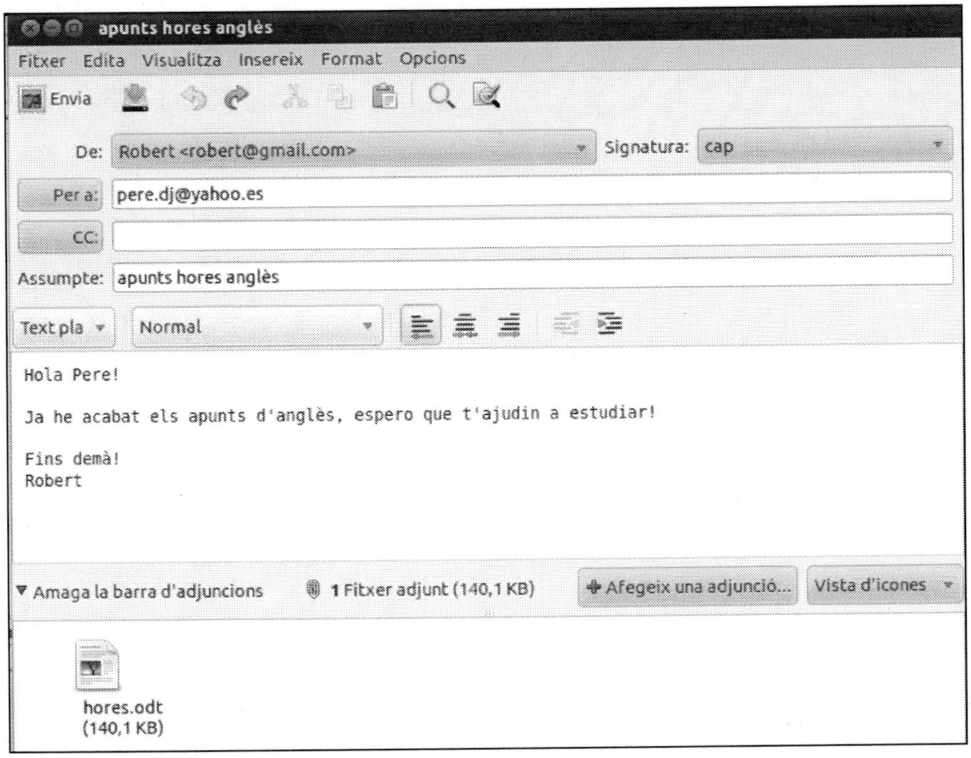

4. *Només hauràs d'emplenar l'assumpte i el cos del missatge.*

L'assumpte és un resum en poques paraules de per què enviem el correu.

5. *En aquest cas podries posar: "***apunts hores anglès***".*

6. *Al cos del missatge, hi pots escriure més coses. Li pots explicar el que li envies i dir-li que si té algun problema amb les hores l'ajudaràs. Per a això estan els amics, oi?*

7. *Fes un clic esquerre al botó* **Enviar** *i espera al fet que el correu s'hagi enviat. Ho sabràs perquè la finestra desapareixerà.*

13

Quins altres programes puc fer servir?

Quins altres programes puc fer ser servir?

Quins altres programes puc fer servir?

Hi ha moltíssims més programes que pots fer servir i que aniràs descobrint a mesura que vagis utilitzant l'ordinador i segons les necessitats que et vagin sorgint.

En aquest apartat et presentarem alguns dels programes que ja vénen instal·lats. Comencem pels programes que t'ajudaran en la presentació dels teus treballs:

OpenOffice: Un paquet ofimàtic, l'editor de textos del qual ja coneixes. A més, inclou un editor de fórmules matemàtiques, un programa de full de càlcul, un altre de dibuix, un altre per fer presentacions i un altre per usar bases de dades. En trobaràs tots els programes al menú: **Aplicacions/Oficina**, excepte el de dibuix que es troba a: **Aplicacions/Gràfics**.

VYM: Programa per dibuixar mapes mentals. Et serà útil en la realització d'esquemes per a les teves anotacions. El trobaràs a: **Aplicacions/Oficina**.

GIMP: És com el KolourPaint però amb moltes més possibilitats. A part de crear dibuixos per a les teves anotacions, també podràs retocar fotografies i fer muntatges. És a: **Aplicacions/Gràfics**.

Podem seguir amb aquells que t'ajudaran amb les assignatures:

Parley i **KwordQuiz**: Dos programes que t'ajudaran en la memorització de vocabulari. Et seran molt útils en l'aprenentatge d'idiomes estrangers. Pots trobar els dos programes a: **Aplicacions/Educació**.

Kalgebra: Programa que et permetrà solucionar i dibuixar gràfiques d'expressions matemàtiques. El trobaràs a: **Aplicacions/Educació**.

Step: Un simulador d'experiments físics. El tens a: **Aplicacions/Educació**.

Kalzium: Una taula periòdica interactiva i molt completa. A més, compta amb un visor de molècules, entre d'altres eines. És disponible al menú: **Aplicacions/Ciència**.

Si et vols divertir una estona, fes un cop d'ull a aquests:

Gcompris: Activitats de tot tipus. Aprèn a usar el teclat i el ratolí, soluciona puzles, jocs d'estratègia, activitats de lectura, activitats matemàtiques i experimentals... Tot això ho pots trobar a: **Aplicacions/Educació**.

Blinken: Memoritza la seqüència de colors i repeteix-la. Repta els teus amics, a veure qui aconsegueix memoritzar la seqüència més llarga. Trobaràs aquest joc a: **Aplicacions/Jocs**.

Potato Guy: Per als més petits. Converteix una patata en una persona. Posa-li ulls, un nas, orelles, sabates, corbata... Trobaràs aquest joc a: **Aplicacions/Jocs**.

Sudoku: Centenars de sudokus de tots els nivells. T'ajudarà a desenvolupar la lògica. Pots jugar anant al menú: **Aplicacions/Jocs**.

I si ets dels que sempre vol saber una mica més o incrementar les teves habilitats:

KTurtle: Aprèn a programar donant ordres a una petita tortuga que es desplaça per la pantalla. Trobaràs aquest programa a: **Aplicacions/Educació**.

KTouch: Vols ser el més ràpid escrivint a màquina? Amb aquest programa aprendràs a fer servir tots els dits quan teclegis els teus treballs. Aquest programa es troba a: **Aplicacions/Educació**.

TuxTyping: És la versió divertida del KTouch. Si t'estimes més aprendre a escriure a màquina d'una forma més divertida, no ho dubtis. Fes servir aquest programa, Trobaràs aquesta aplicació a: Aplicacions/Educació.

Això només n'és una petita mostra. N'hi ha molts i de diferents tipus instal·lats al teu sistema operatiu. Et convidem que donis un tomb pel centre de software. Hi descobriràs tot un món d'aplicacions noves que podràs instal•lar i provar.

Edubuntu per al teu monitor

Com connectar l'ordinador a Internet?

14

Com connectar l'ordinador a Internet?

Com connectar l'ordinador a Internet?

Per poder connectar l'ordinador a Internet has de tenir aquest servei contractat. Avui dia hi ha moltíssimes companyies que ofereixen aquest servei a preus i a qualitats diferents.

El pas següent és comunicar el teu ordinador amb el router ADSL, l'aparell que et dóna accés a Internet. Per fer-ho tens dues opcions:

> **Primera**. *A través d'un cable: Si estàs fent servir aquesta opció, ja hauries de tenir l'ordinador connectat a Internet.*
>
> **Segona**. *Sense fils: Si és aquest el cas, hauràs de* ***seguir*** *aquests passos:*

1. *Fes un clic a la icona de connexions de xarxa, a la part superior i a la dreta.*

2. *Selecciona la xarxa a la qual et vols connectar. El nom el tens escrit en una etiqueta enganxada a la part de sota el router.*

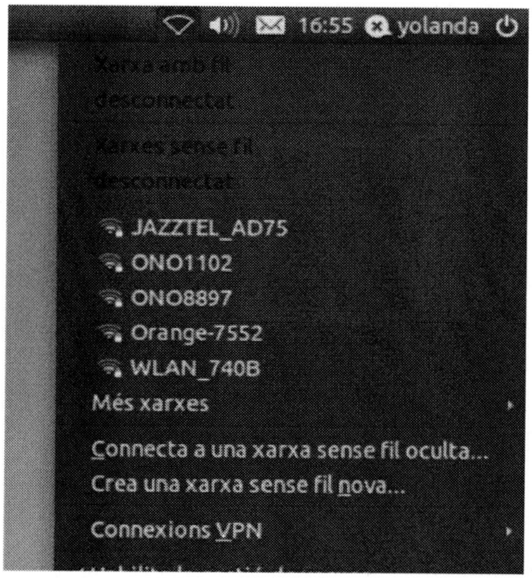

3. *Escriu la contrasenya i fes un clic al botó* **Connectar**.

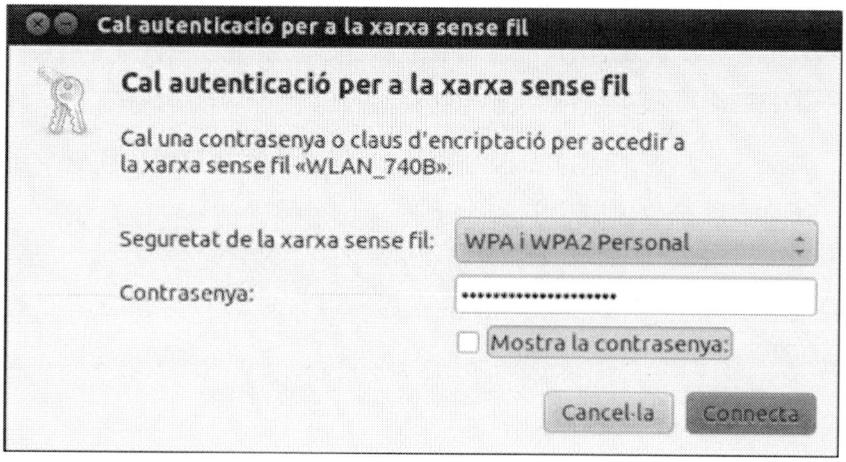

El gestor d'actualitzacions

És molt important que el nostre sistema operatiu estigui sempre actualitzat, això evitarà problemes de seguretat.

4. *Per poder actualitzar el sistema has de tenir l'ordinador connectat a Internet i fer un clic al menú:* **Sistema/Administració/ Gestor d'actualitzacions**.

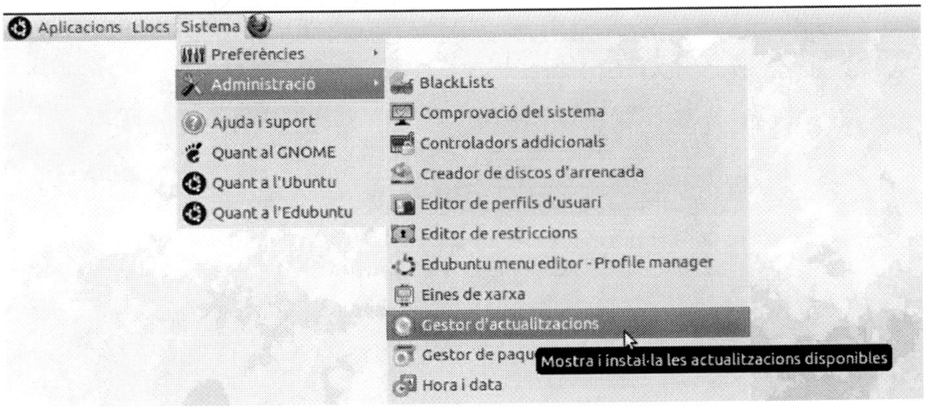

Llavors s'obrirà una finestra com la següent:

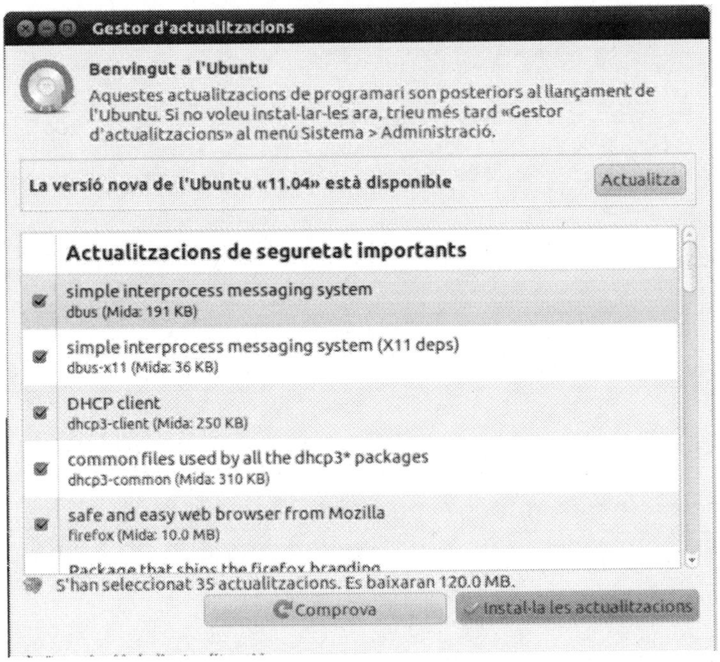

5. *Utilitza el botó* **Comprovar** *per obtenir una llista de totes les actualitzacions.*

6. *Una vegada hagis actualitzat la llista, utilitza el botó* **Instal·lar actualitzacions** *perquè s'apliquin al sistema les noves actualitzacions.*

7. *Durant el procés se't demanarà la contrasenya d'administrador. Escriu-la i fes un clic esquerre al botó* **Autentica**.

8. *En alguns casos, quan acabi d'actualitzar-se et sortirà un avís dient que el sistema necessita reiniciar-se perquè es puguin activar tots els canvis. En aquest cas pots reiniciar el sistema amb el botó* **Reinicia**.

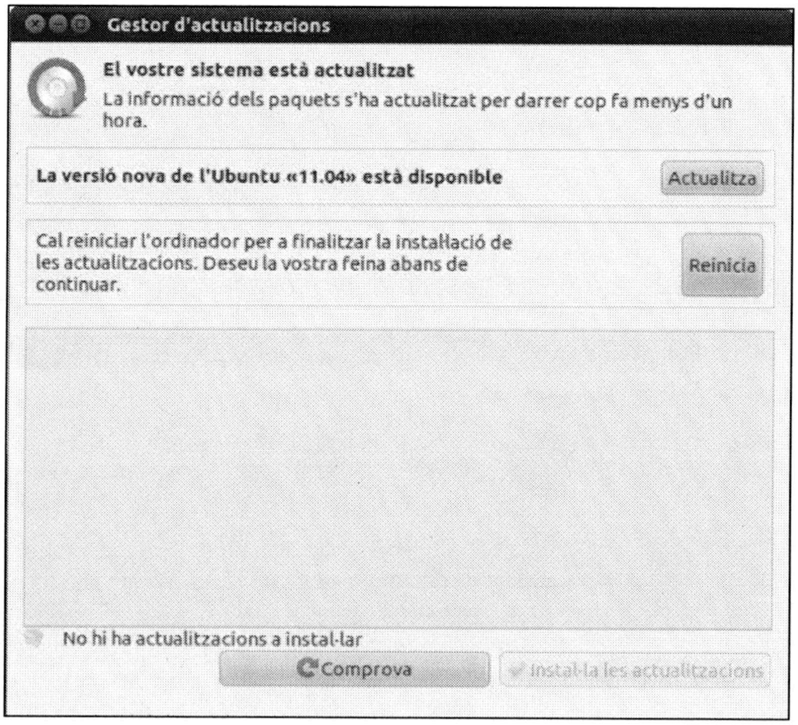

O no reiniciar en aquest moment i fer-ho més endavant. Si ho fas així, els nous canvis no s'activaran fins que no hagis reiniciat.

Recorda!!!
Mantingues sempre actualitzat el teu sistema operatiu.

Crear usuaris

Crear usuaris és la millor manera perquè cada persona que utilitzi l'ordinador tingui el seu espai personalitzat i privat. A més, és l'única manera de controlar què pot fer cadascú dins del sistema operatiu.

Per exemple, només un usuari administrador del sistema podrà crear altres usuaris o instal·lar programes.

Anem a crear un usuari nou.

1. *Obre el menú:* **Sistema/Administració/Usuaris i grups**.

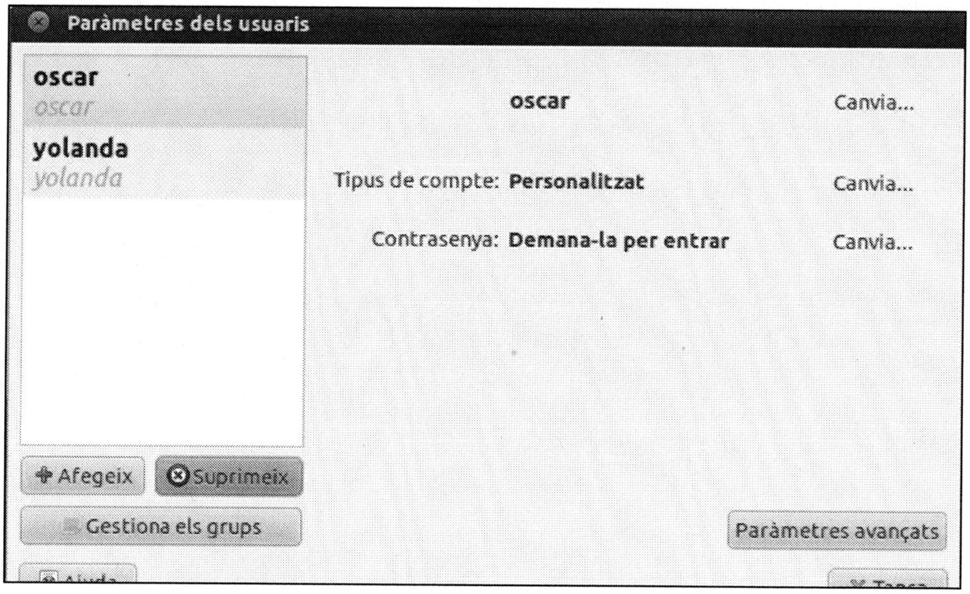

2. *Fes un clic al botó* **Afegir**. *Et demanaran la contrasenya d'administrador. Introdueix-la.*

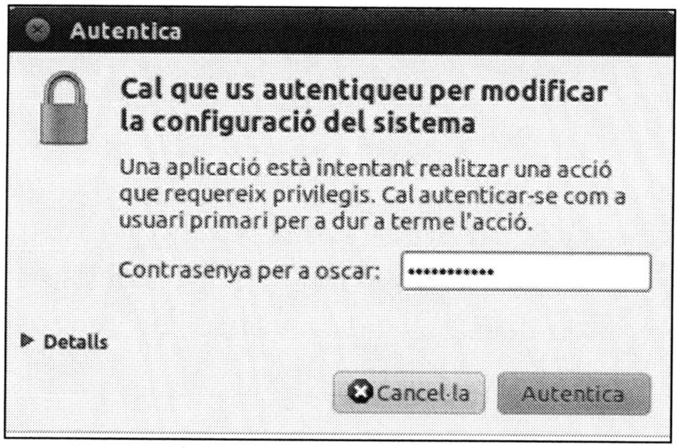

3. *Després de fer un clic a* **Autentica**, *apareixerà la finestra per crear el nou usuari. A* **Nom**, *escriu el nom de la persona i a* **Usuari**, *el nom amb el qual s'identificarà aquesta persona dins de l'ordinador.*

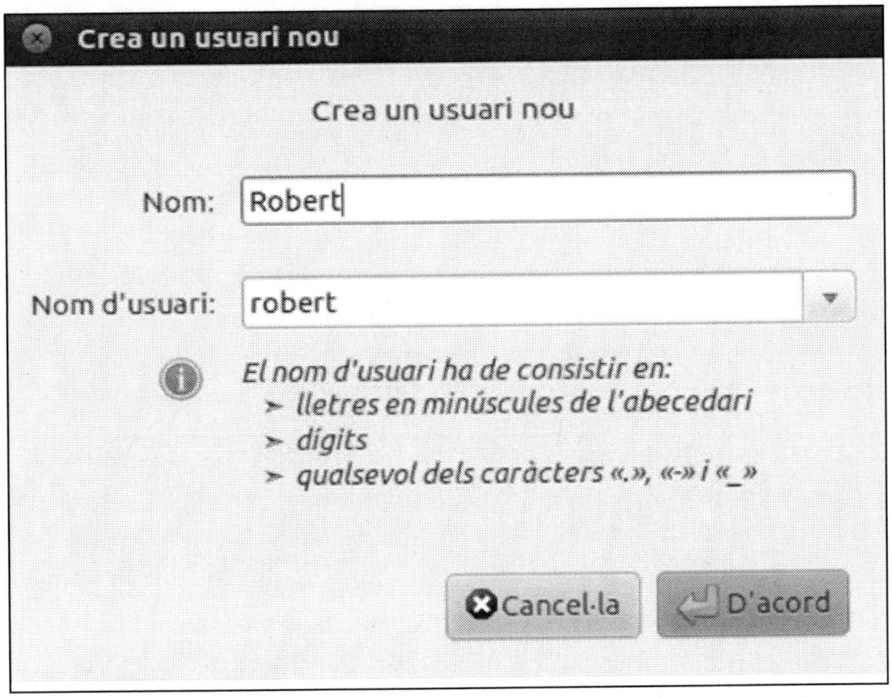

Instal·lar programes

Si necessites instal·lar algun programa, la manera més fàcil és utilitzar el centre de programari. Com a exemple pràctic, instal·larem el programa **Pysycache**, un programa que permetrà adquirir destresa amb el ratolí.

1. *Comença per obrir el centre de software Ubuntu:* **Aplicacions/ Centre de Programari de l'Ubuntu**.

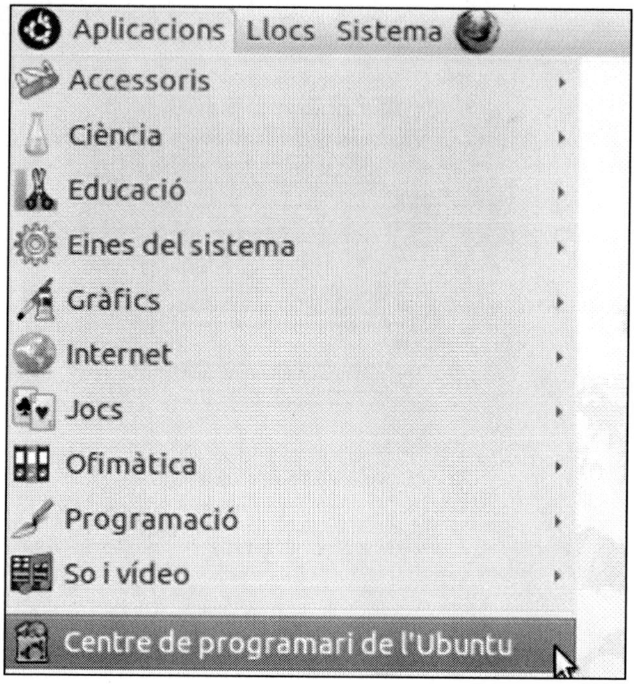

L'aspecte del centre de software és aquest:

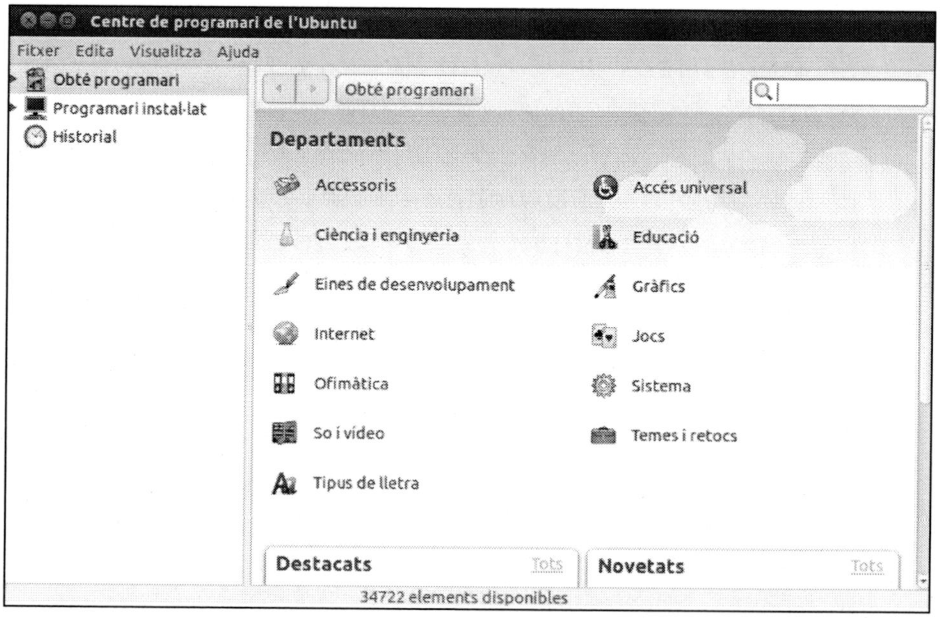

2. *Com que coneixem el nom del programa,* **Pysycache**, *el més fàcil és escriure'l a la caixa de text de cerques:*

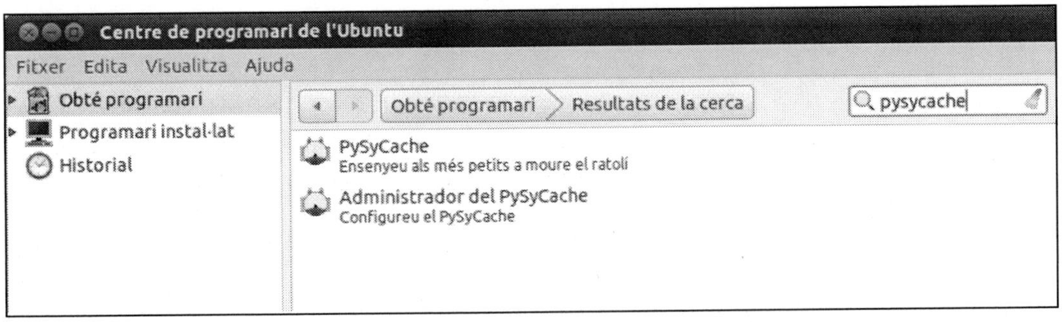

3. *Si ara fas un clic esquerre damunt del primer element de la llista, apareixeran dos botons, el primer per saber més coses sobre el programa i el segon per fer-ne la instal·lació. Fes un clic esquerre al botó* **Instal·lar**.

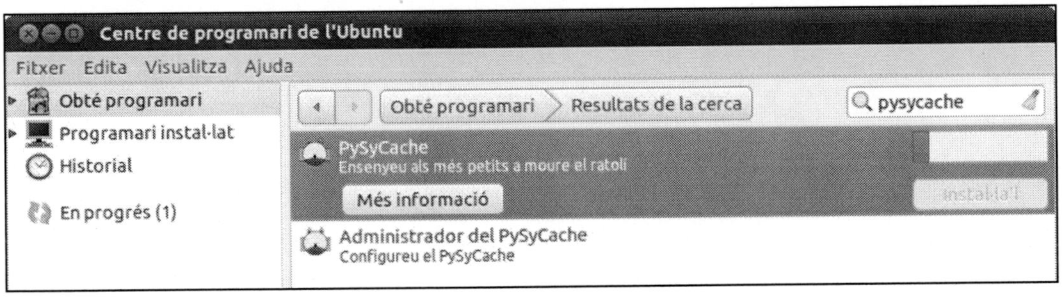

Ara només cal esperar que acabi i llest.

Configurar un programa de correu electrònic

Anem ara a configurar un compte de correu electrònic al nostre ordinador i per a fer-ho usarem el programa **Evolution**. Aquesta eina et permetrà llegir i enviar correus, afegir contactes i moltes altres coses.

1. *Pots obrir el programa des del menú:* **Aplicacions/Internet/Correu d'Evolution**.

Inici de la configuració

En no tenir cap compte configurat a l'equip, la primera finestra que ens apareixerà serà la de benvinguda al procés de configuració.

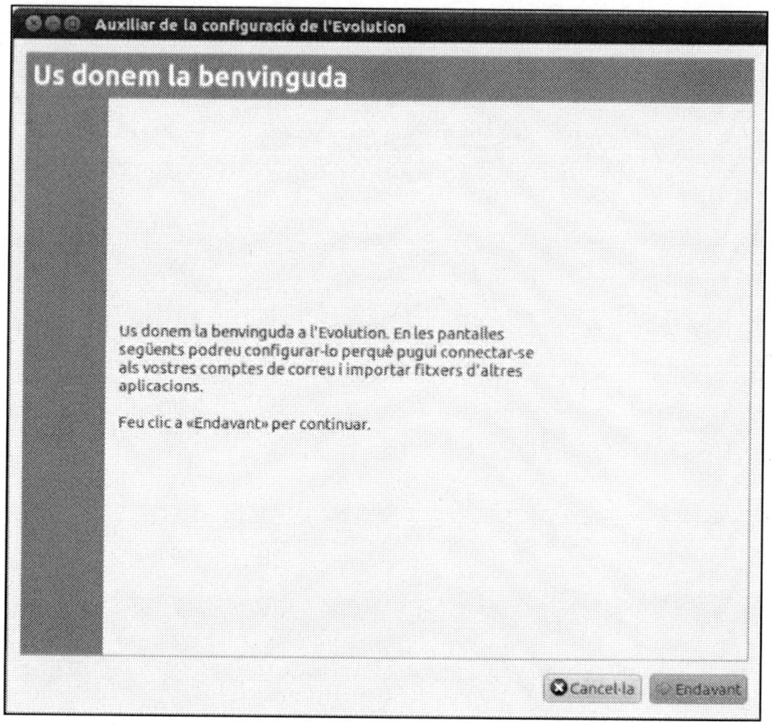

2. *Fem un clic al botó* **Endavant** *per començar.*

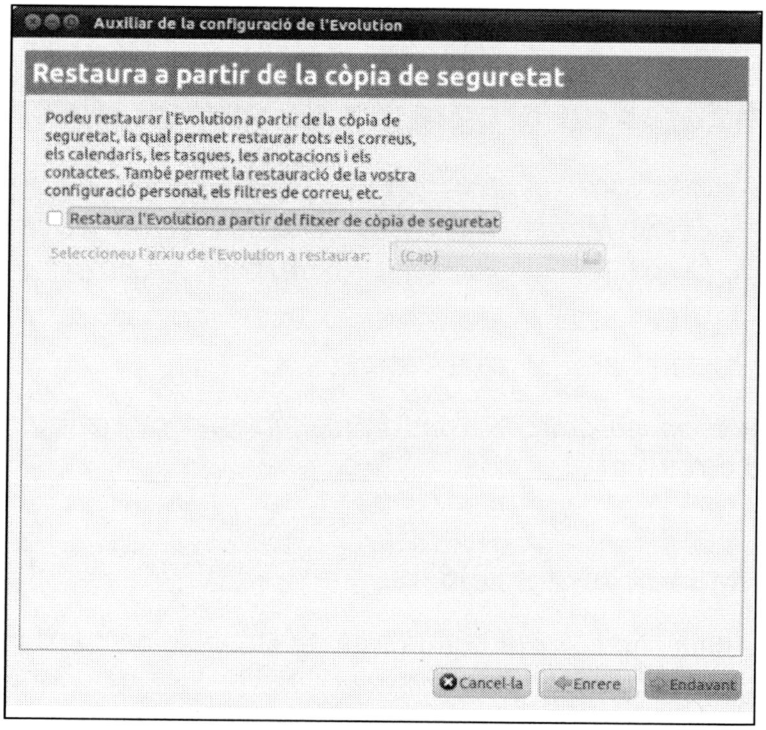

Què és això de "Restaurar a partir de la còpia de seguretat"? És el procés que ens permetria recuperar tots els correus electrònics, contactes... que tinguéssim d'una instal·lació antiga d'Evolution, però aquest no és el nostre cas.

3. *Tornem a fer un clic esquerre al botó* **Endavant** *per continuar. Al llarg del procés de configuració, després d'introduir les dades necessàries, haurem de fer un clic en aquest botó per avançar al pas següent.*

4. *Tal com mostra la imatge de més a baix, escriurem el nostre nom i la nostra adreça de correu. També hi indicarem que aquesta serà la del nostre compte per defecte.*

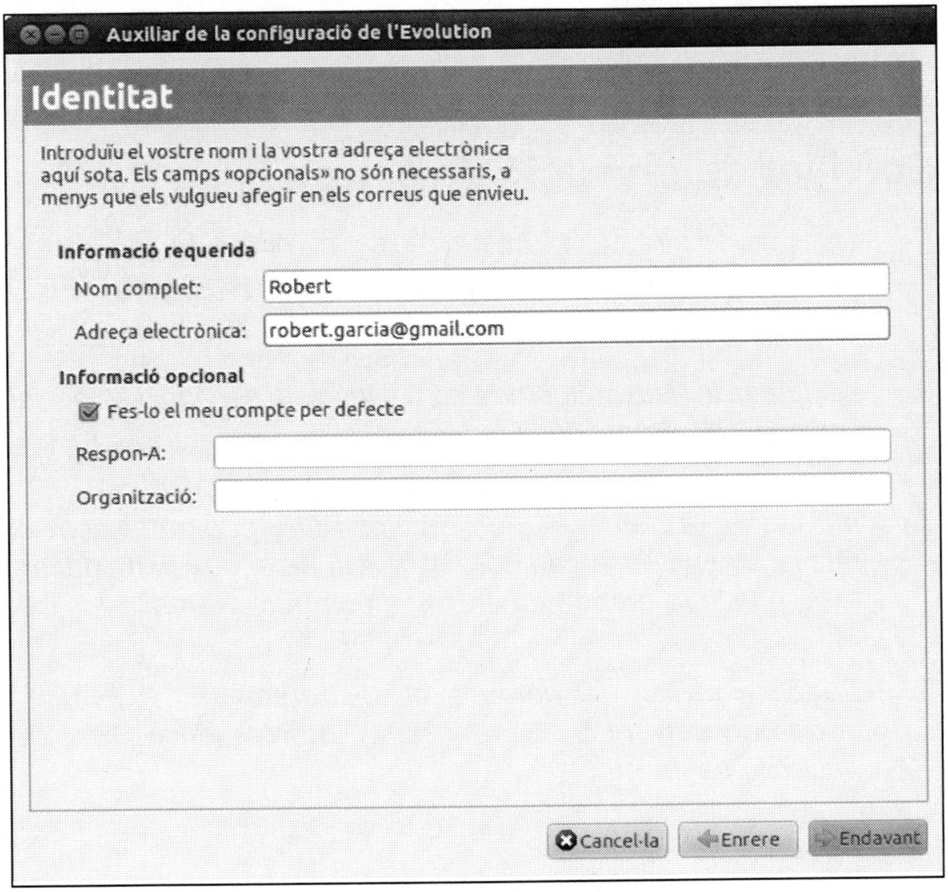

Obtenint informació dels servidors

En els passos següents haurem d'introduir informació referent als servidors de recepció (POP) i enviament (SMTP) de correu.

5. *Aquesta informació la trobaràs a l'ajuda de lloc web del teu correu electrònic sota els títols:* **Configuració de clients de correu**, **Explica POP**, **El teu compte**...

   Exemple, extret de gmail, de la informació que necessitaràs:

Servidor de correo entrante (POP3) - requiere SSL:	pop.gmail.com **Utilizar SSL:** Sí **Puerto:** 995
Servidor de correo saliente (SMTP) - requiere TLS o SSL:	smtp.gmail.com (utilizar autenticación) **Utilizar autenticación:** Sí **Puerto para TLS/STARTTLS:** 587 **Puerto para SSL:** 465
Nombre de cuenta:	tu dirección de correo electrónico completa (incluido @gmail.com o @tu_dominio.com)
Dirección de correo electrónico:	tu dirección de correo electrónico (nombredeusuario@gmail.com o nombredeusuario@tu_dominio.com)
Contraseña:	tu contraseña de Gmail

Servidor de recepció de correu

El servidor de recepció de correu és el que permetrà que el nostre programa rebi els correus electrònics.

6. *Desplega la llista etiquetada com a tipus de servidor i selecciona'n l'opció* **POP** *(Post Office Protocol).*

7. *Introdueix el nom del teu servidor POP, pop.gmail.com en el nostre exemple, i el teu nom d'usuari, tot el que hi ha davant de la @ a la teva adreça de correu electrònic o e-mail.*

8. *Segons la taula del damunt, el nostre servidor POP usa una* **connexió segura SSL** *i, per tant, triarem* **xifrat SSL**, *com a opció de seguretat.*

La configuració queda com a la imatge següent:

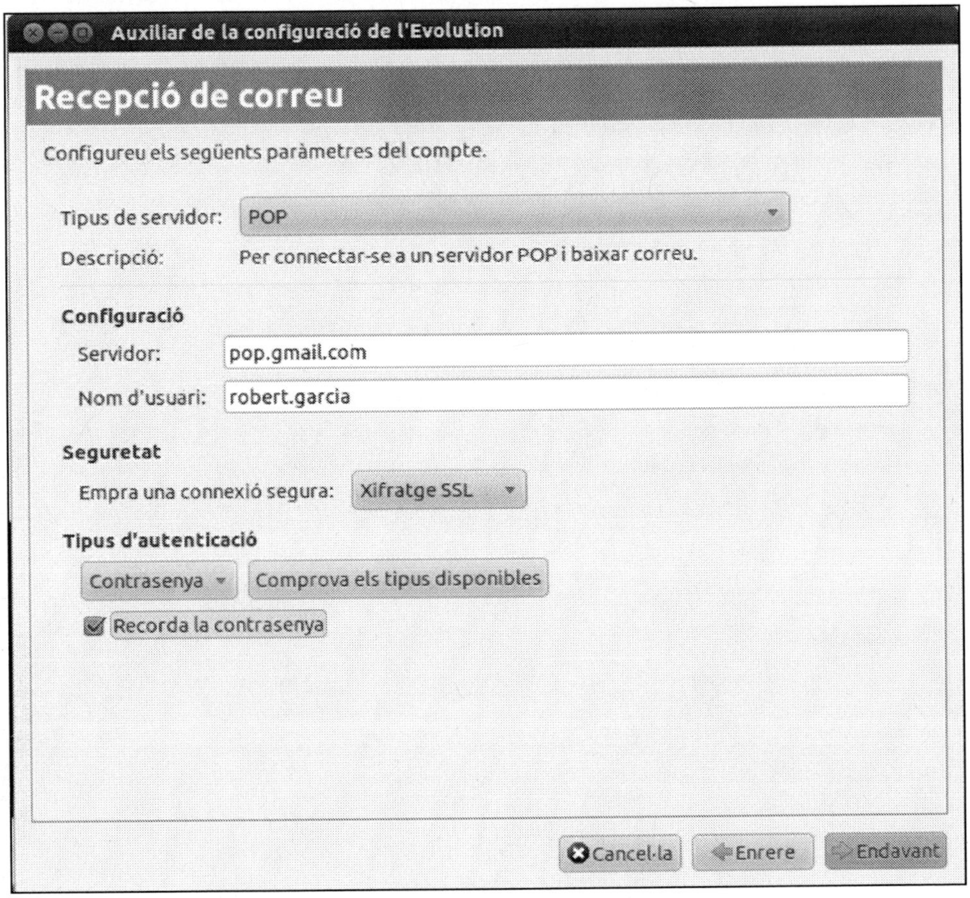

9. *Fem un clic esquerre a endavant i seguim!*

Servidor d'enviament de correu

El servidor d'enviament de correus és el que permetrà al nostre programa enviar correus electrònics.

10. *Seguint amb el nostre exemple, especifica com a tipus de servidor:***SMTP** *(Simple Mail Transfer Protocol).*

11. *Com a nom de servidor posarem: smtp.gmail.com i marcarem la casella etiquetada com* **El servidor requereix autenticació**, *si és el cas. Actualment, seria molt estrany no marcar aquesta casella.*

12. *Triarem la connexió segura que requereixi el nostre servidor, si és que la requereix i tornarem a teclejar el nostre nom d'usuari.*

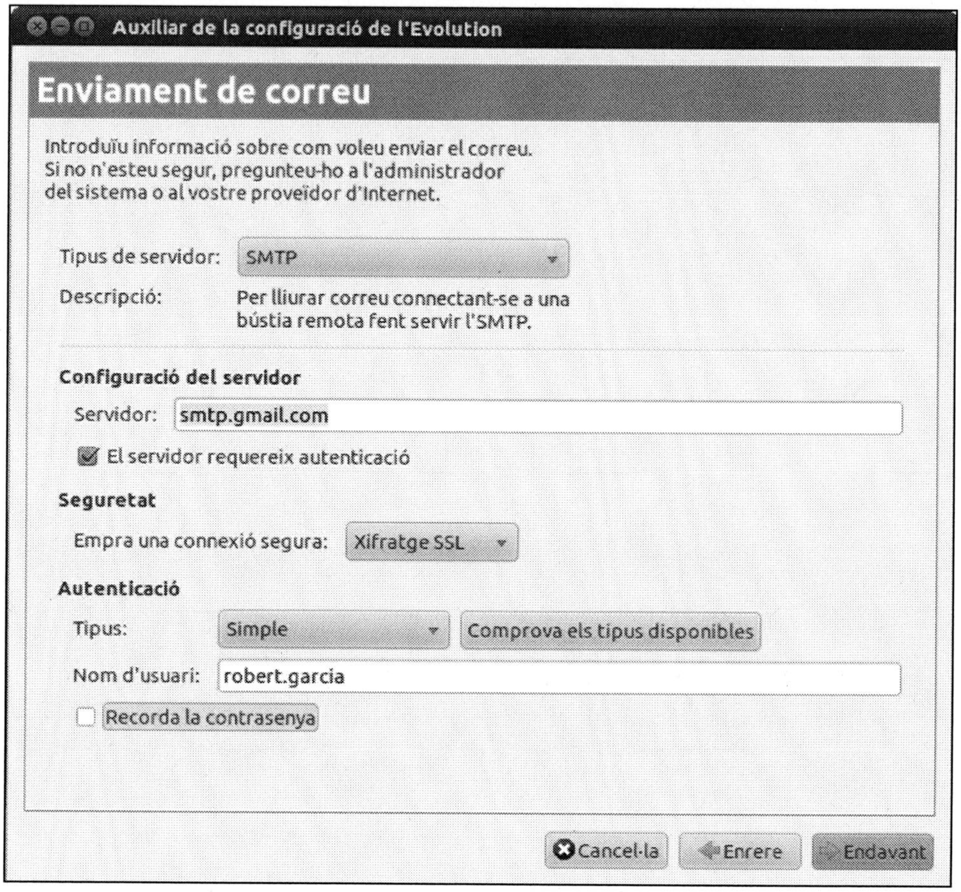

Fi de la configuració

Arribats en aquest punt, la feina dura ja està feta!

13. *Ara només falta que escriguis un nom descriptiu per al compte, per exemple "***Correu de Robert***", "***El meu correu***" o qualsevol altre que et serveixi per identificar-lo.*

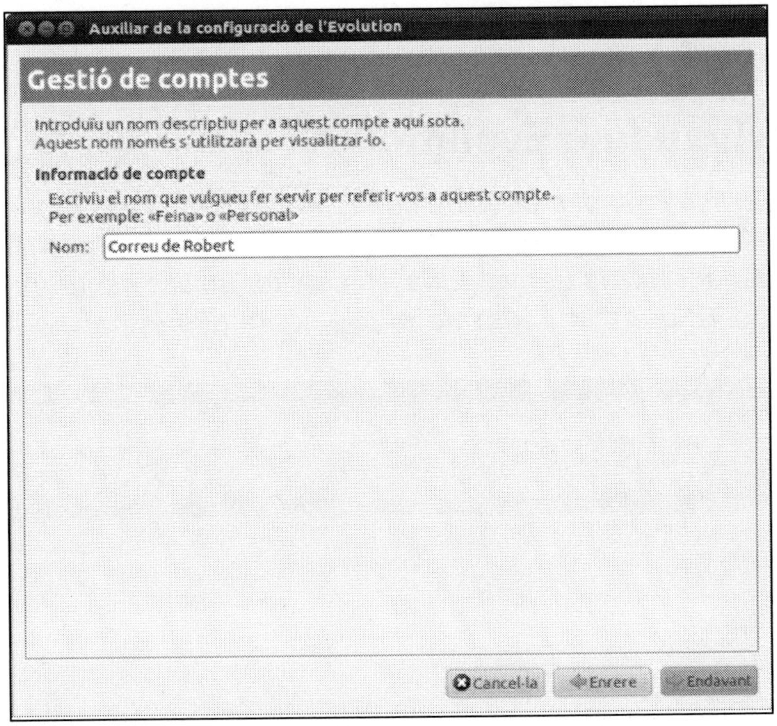

14. *Fes un clic al botó* **Endavant i...**

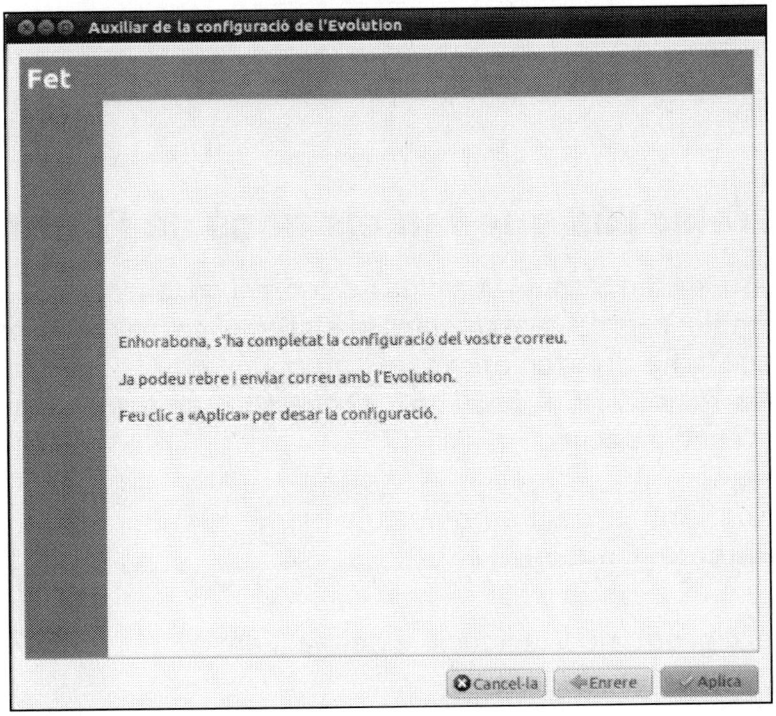

15. *Felicitats! Quan premis el botó* **Aplica**, *tindràs el teu correu configurat.*

Benvinguda a Evolution

16. *En finalitzar el procés de configuració, s'obrirà el programa i ens mostrarà un parell de correus electrònics, de l'equip d'Evolution, donant-nos la benvinguda. Hi pots fer un clic esquerre per llegir-los. Et donaran més informació sobre el programa.*

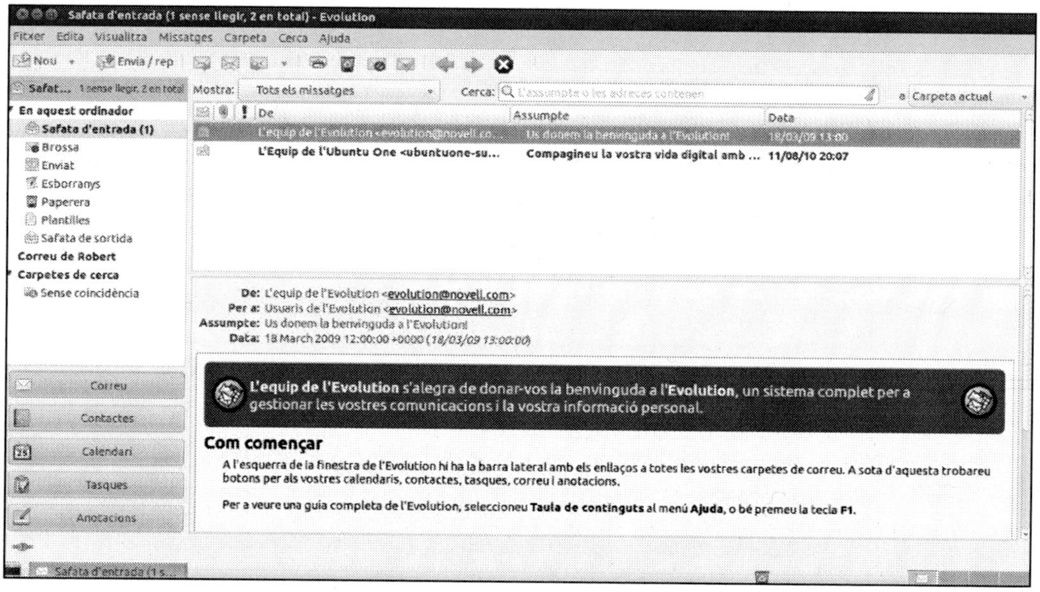

Controlar l'ús que fan els nens de l'ordinador

Edubuntu inclou **Nanny**, una eina de control parental que ens permetrà establir certes restriccions al sistema, com el nombre d'hores que aquest ha d'estar encès, els intervals en els quals es permet treballar amb el PC i, fins i tot, podrem crear filtres per garantir una navegació segura.

1. *Pots obrir el programa des del menú:* **Sistema/Administració/Parental Control**.

L'entorn gràfic de l'aplicació és el següent:

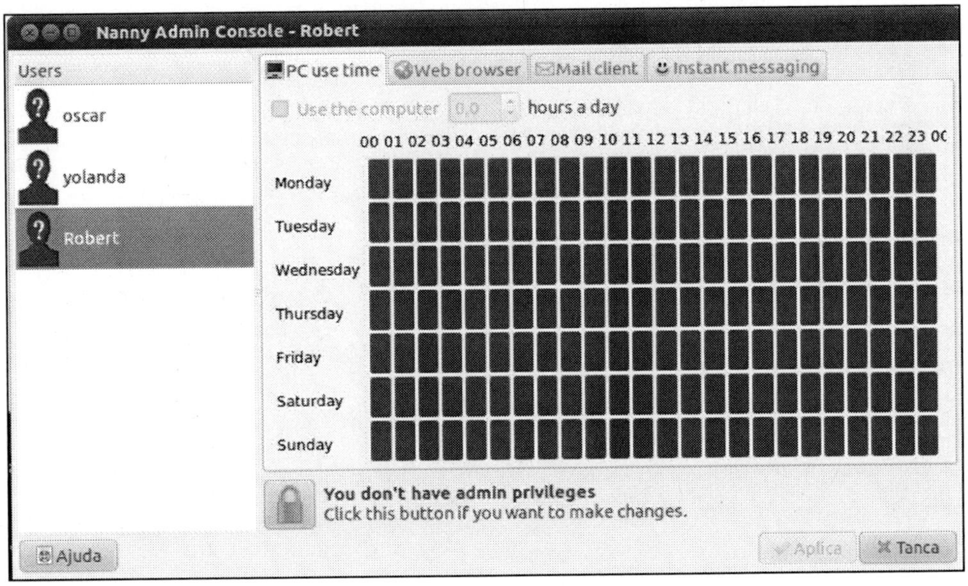

Activar els privilegis d'administrador

Com podràs comprovar, els privilegis d'administrador estan desactivats per defecte.

Per activar-los, simplement has de fer un clic esquerre al botó del cadenat i introduir-hi la teva contrasenya.

Com limito al meu fill l'ús de l'ordinador?

Limitar el nombre d'hores, fins i tot establir en quin moment es faran servir aquestes hores, és una cosa molt senzilla de fer.

1. *Tenint seleccionat l'usuari que vols controlar, obre la fitxa:* **Ús del PC** *o, en anglès,* **PC use time**.

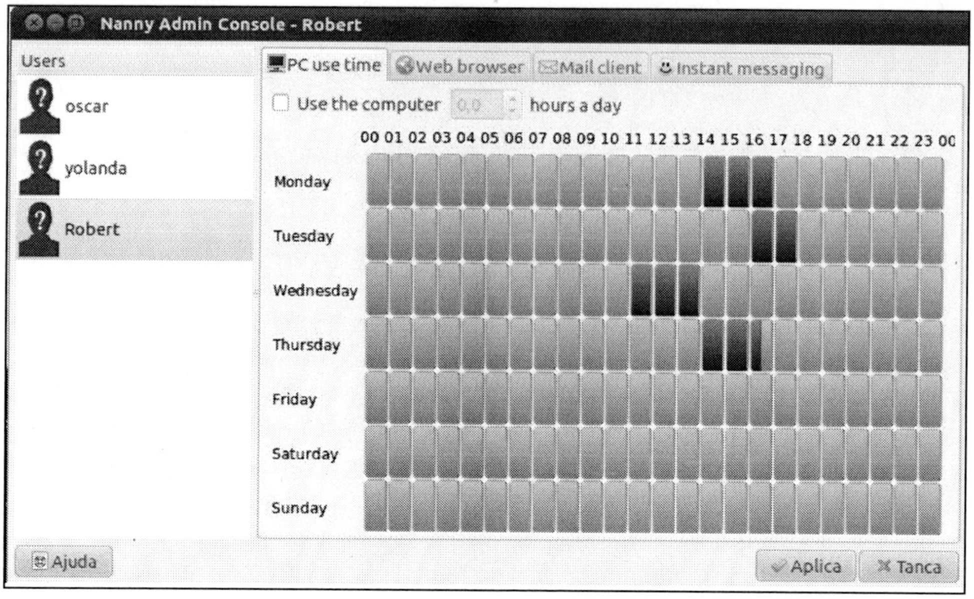

2. *Veuràs que a la part dreta hi ha una espècie de calendari pintat de verd, que són les hores en les quals està permès accedir a l'ordinador.*

3. *Si vols que durant algun dia i durant alguna hora, el teu fill, alumne, germà petit, etc., no pugui fer servir l'ordinador, només has de fer un clic esquerre damunt del botó verd on es creuen aquesta hora i aquest dia. Notaràs que ho has fet bé perquè es tornarà de color vermell, Prohibit!*

Aquesta mateixa pràctica la pots utilitzar per controlar l'ús del correu electrònic, la navegació web i la missatgeria instantània.

Establir llocs web prohibits

Una altra opció interessant és la que et permet determinar quines pàgines web es poden visitar o no.

1. *Obre la fitxa* **Navegador web** *i marca la casella* **Usar filtrat de continguts web**.

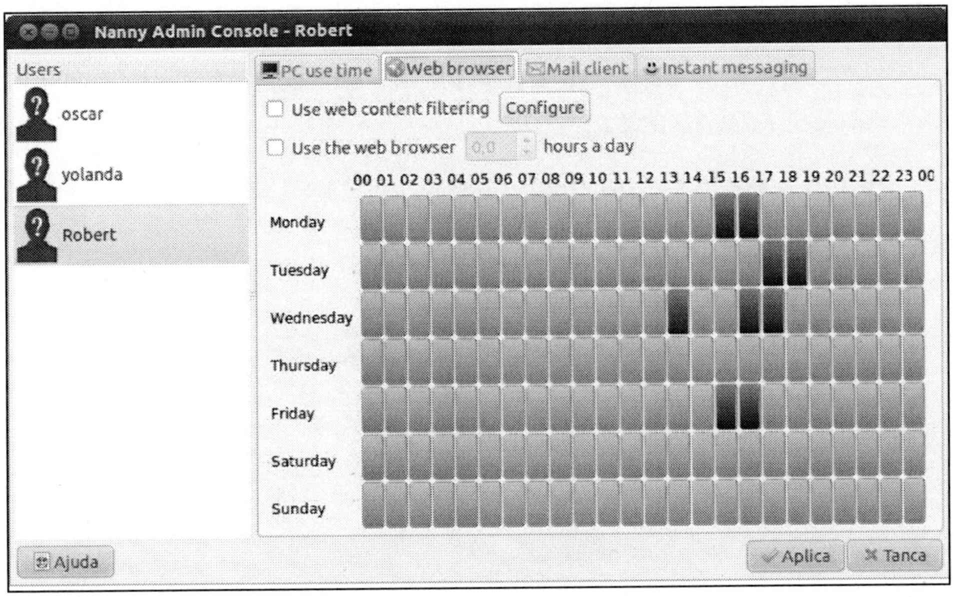

A partir d'ara es començaran a aplicar els filtres.

- Però quins filtres? No tinguis pressa, ara anem a veure-ho.

2. *Fes un clic al botó* **Configure**.

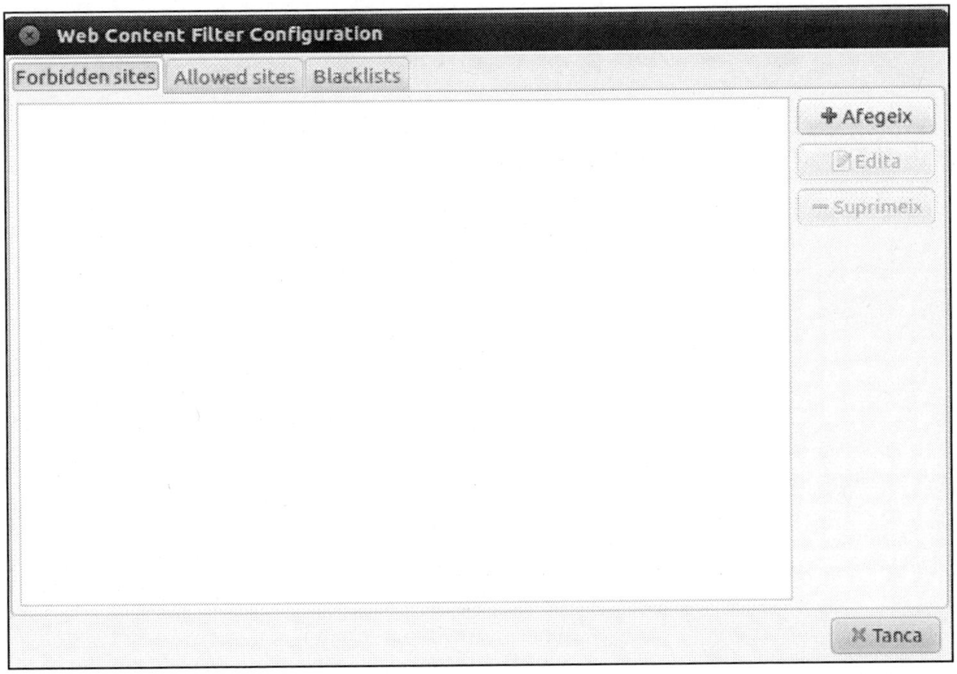

A les fitxes **Llocs prohibits** i **Llocs permesos**, podrem afegir a quines pàgines hi deixem accés i a quines, no.

3. *Anem a registrar un d'aquests llocs. Fes un clic al botó* **Afegir** *i, al diàleg que s'obre, omple, com a mínim, la caixa de text etiquetada com a URL amb l'adreça web que vulguis afegir.*

La resta de dades són només perquè et sigui més fàcil saber de què es tracta.

4. *Quan hagis introduït totes les dades fes un clic a* **Acceptar** *per afegir la web a la llista triada de prohibits o de permesos.*

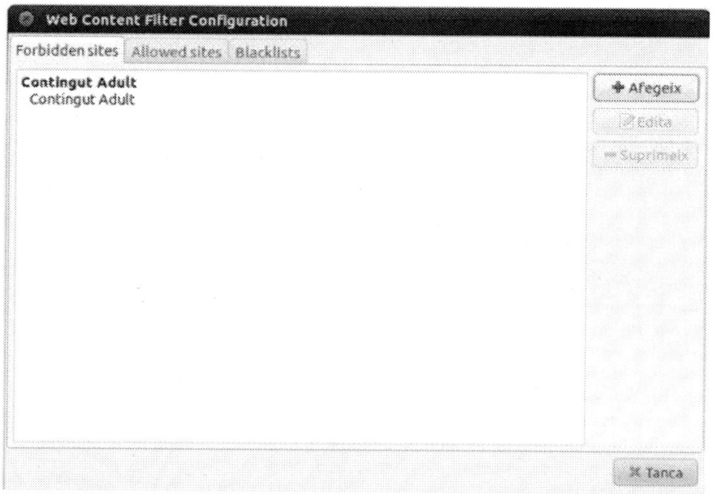

ANNEX
Instal·lació d'Edubuntu

Instal·lació d'Edubuntu

Instal·lació del sistema operatiu

Instal·lar un sistema operatiu sempre ha tingut fama de ser supercomplicat, un tema només a l'abast dels més experts. Doncs no! És una cosa molt simple.

En aquest apèndix anem a veure com fer una instal·lació bàsica del sistema operatiu Edubuntu 10.10 per a un PC personal, el que es fa servir en aquest llibre.

Obtenir una còpia del sistema

El primer que has de fer és aconseguir una còpia del sistema operatiu, en aquest cas d'Edubuntu 10.10. Pots descarregar-lo copiant aquesta adreça al navegador:

http://cdimage.ubuntu.com/edubuntu/releases/10.10/release/edubuntu-10.10-dvd-i386.iso

Abans de començar la instal·lació

1. *Abans de començar la instal·lació hauries de fer dues coses:*

   Primera. *Copiar tots els teus documents, fotos, vídeos... en algun dispositiu extern (DVD, CD, llapis de memòria, un altre ordinador...). Recorda que vas a instal·lar un sistema operatiu nou, això vol dir que tot el que hi hagi ara a l'ordinador es perdrà.*

   Segona. *Fer una còpia en DVD de l'arxiu que has descarregat anteriorment. Pots fer-ho amb l'opció de gravar una imatge del programa que facis servir per gravar CD/DVD.*

La instal·lació

Comença la instal·lació! Segueix aquests passos i veuràs com n'és, de fàcil.

1. *Arrenca l'ordinador des del DVD. Apareixerà una pantalla com la següent on podràs moure't pel menú amb les fletxes a dalt i a baix.*

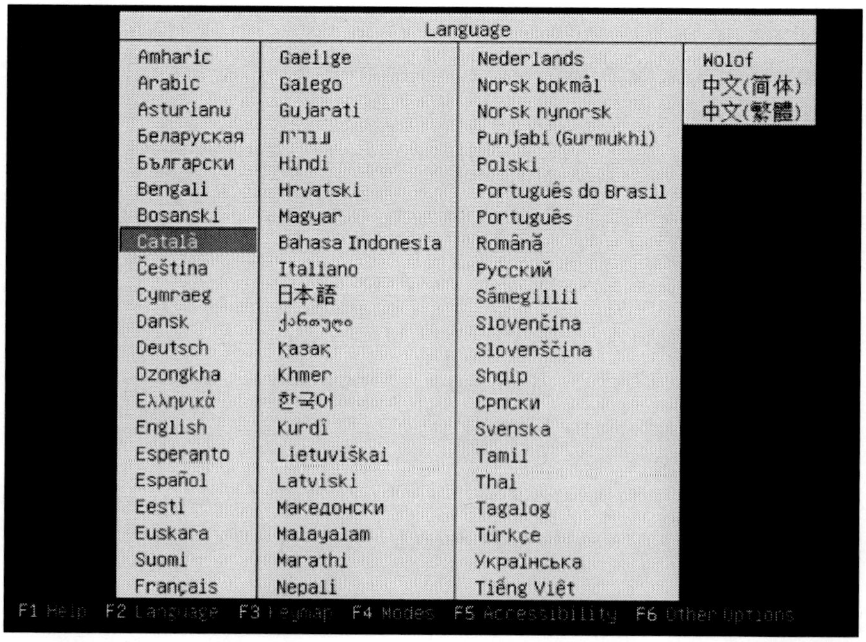

2. *Desplaça't fins a l'idioma que vulguis utilitzar i prem la tecla [Enter]. Això et portarà cap a una altra pantalla on podràs triar entre provar el sistema sense instal·lar-lo o instal·lar-lo.*

3. *Tria la segona opció:* **Instal·la l'Edubuntu**.

Veuràs que triga una mica. No et preocupis, està arrencant un entorn de finestres per fer el procés d'instal·lació més amigable.

4. *A la primera finestra que es mostri, tria l'idioma que vulguis que tingui el teu futur sistema operatiu i fes un clic al botó* **Endavant**.

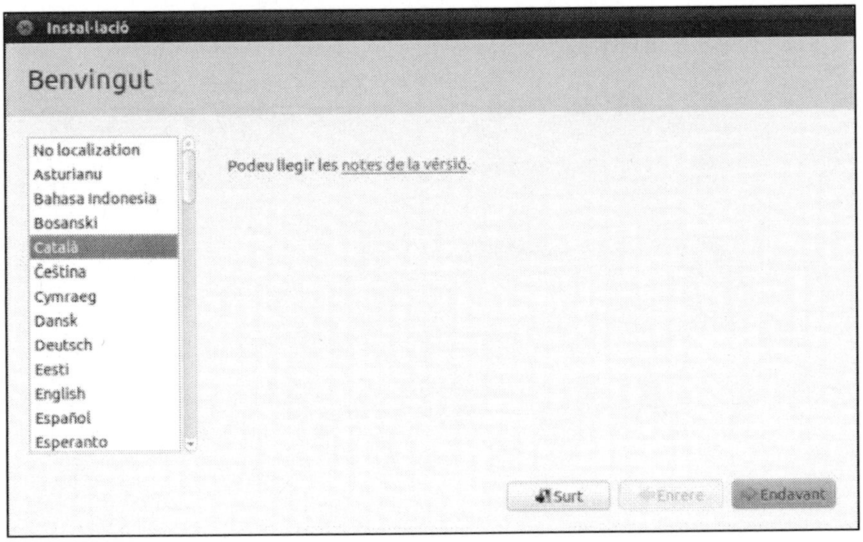

Ara es farà una sèrie de comprovacions: que l'ordinador tingui un disc dur amb suficient espai, que estigui connectat al corrent (si fos un portàtil, podria funcionar amb la bateria) i que estigui connectat a Internet. Assegura't que tot està marcat com a correcte.

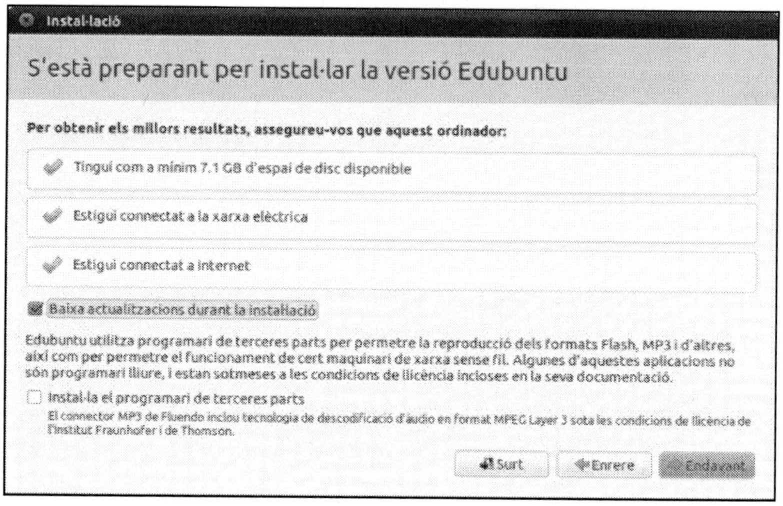

5. *Abans de continuar pots marcar la primera casella,* **Descarregar actualitzacions mentre s'instal·la**, *la qual cosa evitarà que després d'instal·lar-lo hagis de fer un munt d'actualitzacions.*

6. *També pots marcar l'altra casella, però pensa que allò que s'instal·larà no serà software lliure.*

7. *Clica a* **endavant**.

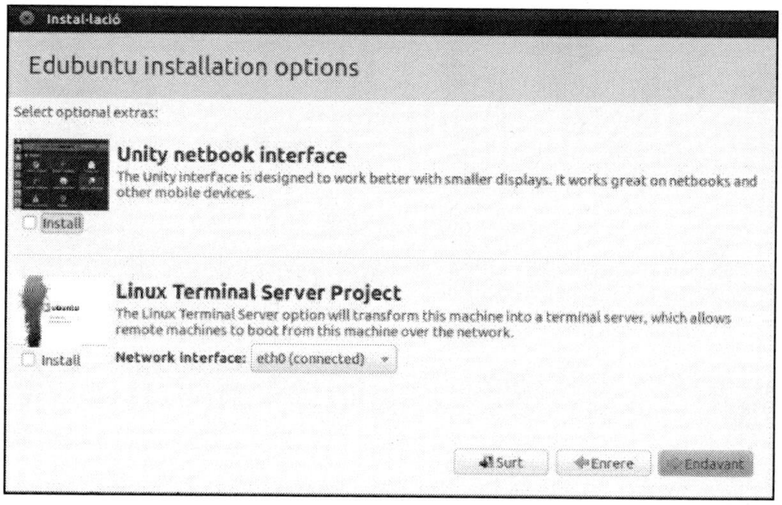

8. *Si estàs utilitzant un* **netbook**, *et pot interessar instal·lar l'escriptori* **Unity**, *que aprofita millor l'espai en pantalles petites, encara que llavors hauràs d'adaptar les indicacions del llibre.*

9. *Cal fer un clic a* **Endavant** *per passar a la pantalla de l'assistent següent, on assignaràs l'espai de disc dur per a la instal·lació.*

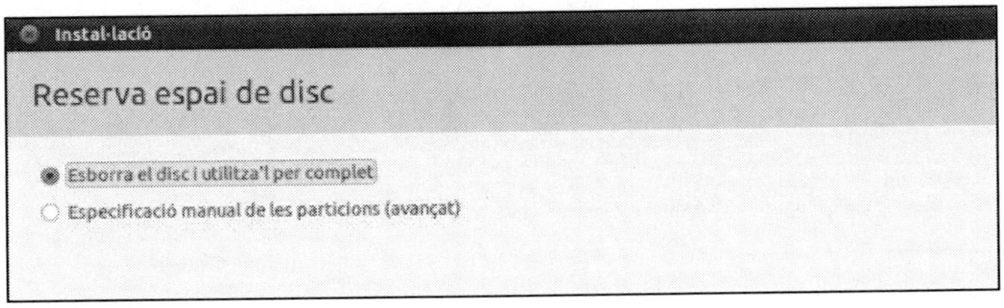

10. *Si ets un usuari avançat, potser vulguis especificar les particions manualment. En el cas contrari, tria l'opció* **Esborrar i usar el disc sencer**. *Sigui com sigui, clica* **Endavant**.

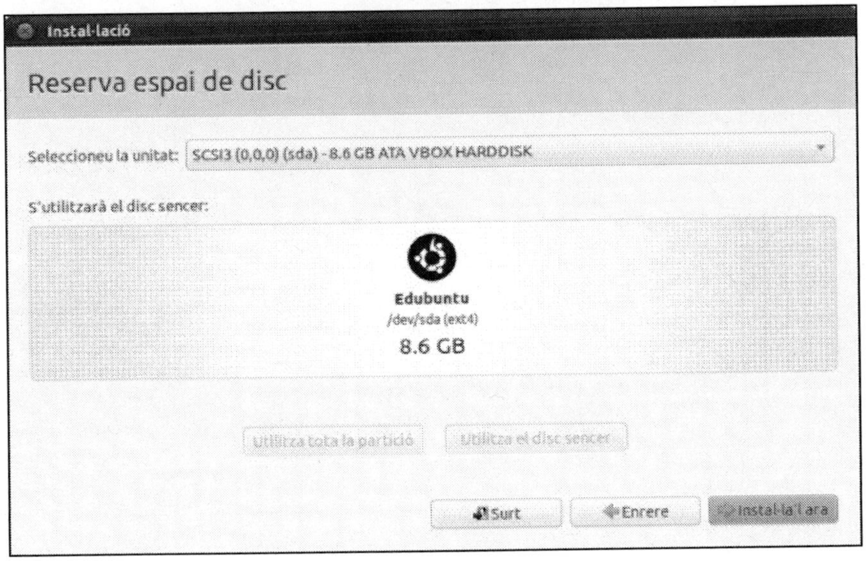

11. *Ha arribat el moment esperat! Prem* **Instal·lar ara** *i començarà la instal·lació.*

No te'n vagis encara! Encara has de fer alguna cosa més.

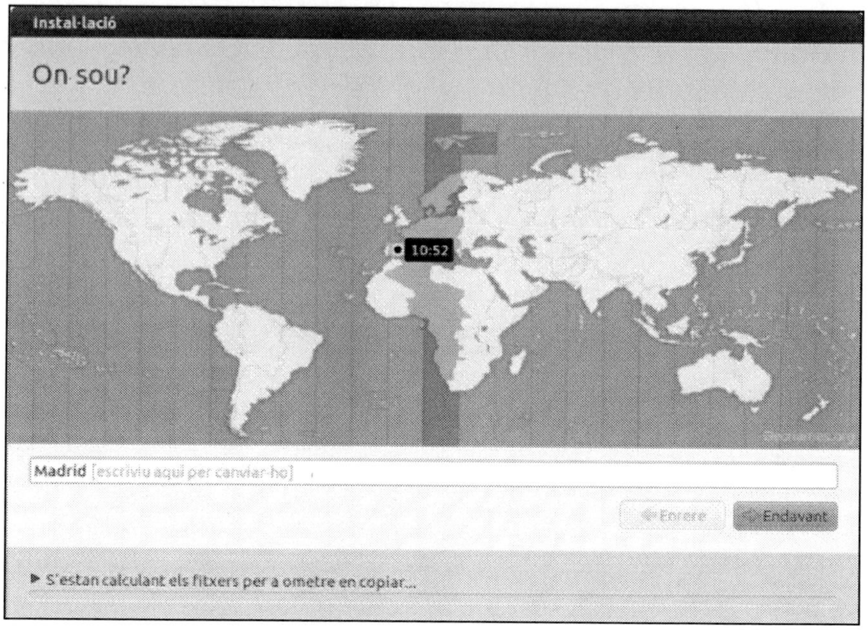

12. *Tria la teva situació geogràfica i* **Endavant**.

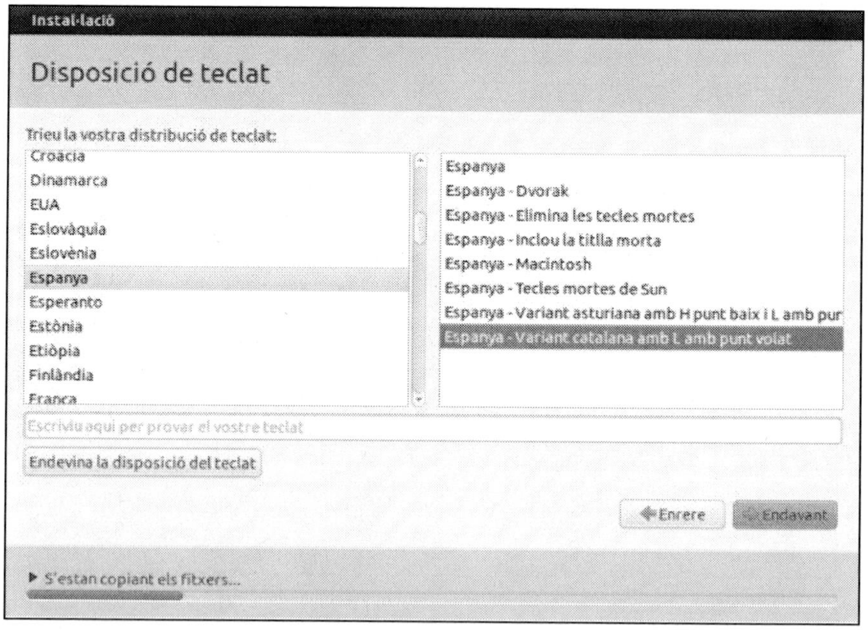

13. *Tria el tipus de teclat que usaràs:* **Espanya amb variant catalana** *i* **Endavant**.

Ja gairebé està!

14. *Introdueix el teu nom i contrasenya a les caixes de text correspo-nents i* **Endavant***.*

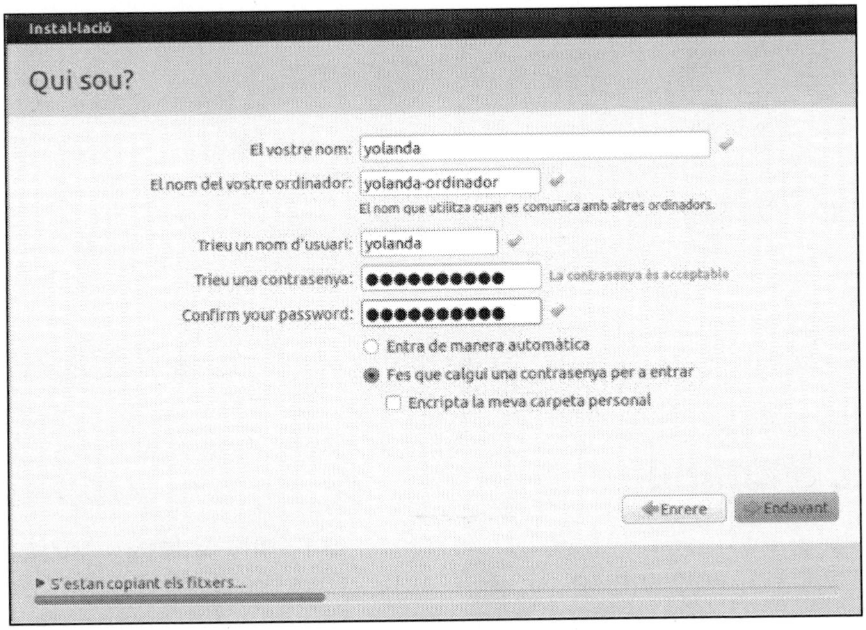

Bé! Ara només queda esperar. Pots anar-te a fer altres coses o pots quedar-te llegint les diapositives que apareixeran mentre s'instal·la el sistema.

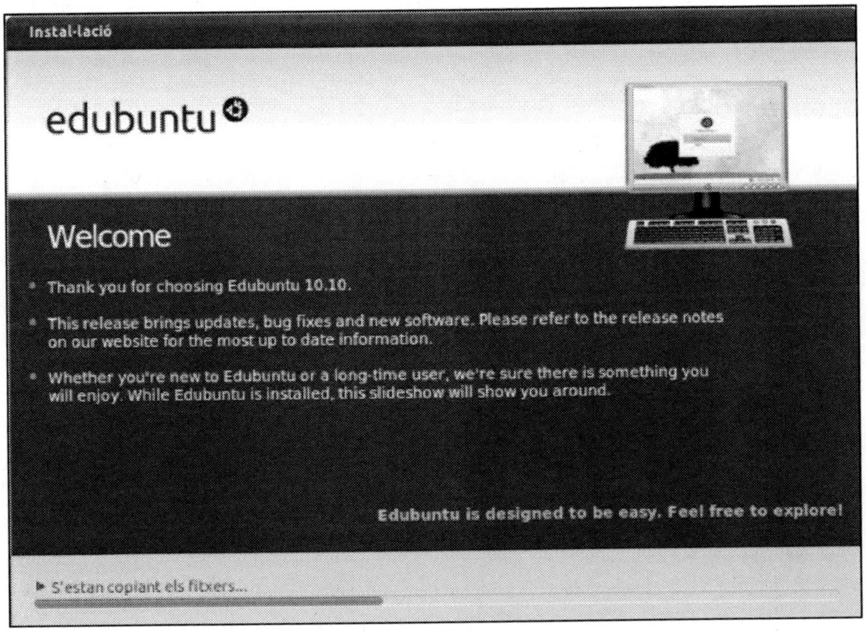

15. *Quan finalitzi la instal·lació apareixerà un diàleg com el següent, demanant que reiniciïs l'ordinador. Fes un clic a* **Reinicia ara**.

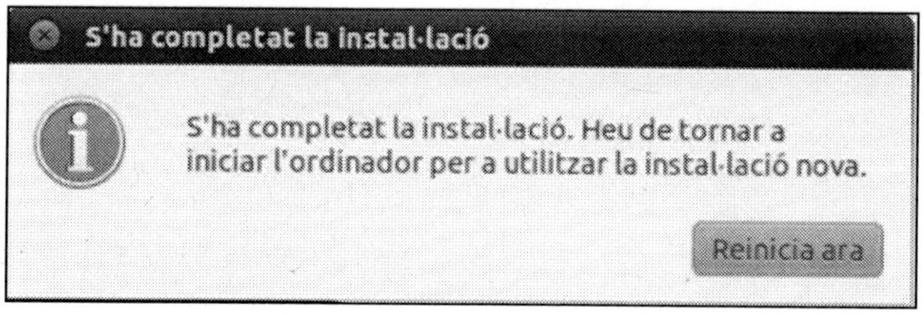

Enhorabona! Ja tens un espectacular Edubuntu 10.10 instal·lat al teu ordinador. Gaudeix-lo!

Instal·lació d'idiomes a Edubuntu

Pot haver passat que quan hàgim instal·lat el nostre sistema, no hàgim seleccionat l'idioma que desitjàvem o simplement que vulguem canviar d'idioma de la nostra distribució. O encara més, a vegades les finestres d'ajuda o menús es mostren en anglès en comptes de fer-ho en català.

Bé, doncs per solucionar aquest problema és molt fàcil, només cal seguir els passos següents tal com es mostra tot seguit.

1. *Obre el suport per a idiomes que trobaràs al menú* **Sistema/Administració/Suport d'idioma**.

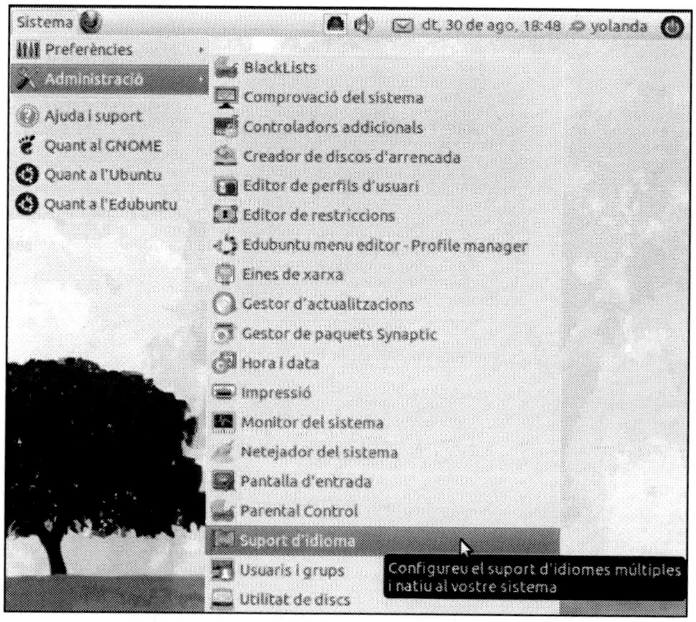

2. *S'obrirà una finestra com la que es mostra a continuació, farem un clic esquerre al botó* **Instal·la/Suprimeix llengües...**

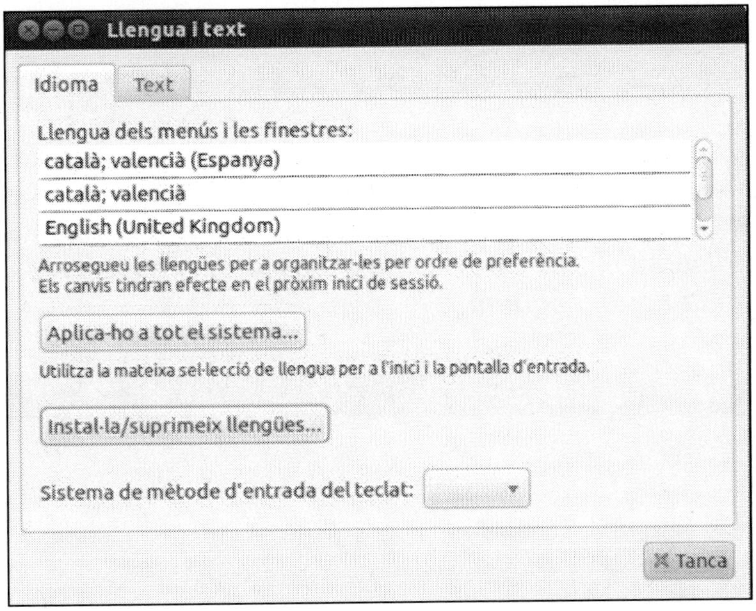

3. *Haurem de buscar l'idioma que vulguem instal·lar al llistat (en el nostre cas "***Espanyol;Castellà"***) seleccionarem la casella d'* **Instal·la** *i farem un clic damunt del botó "***Aplica els canvis***".*

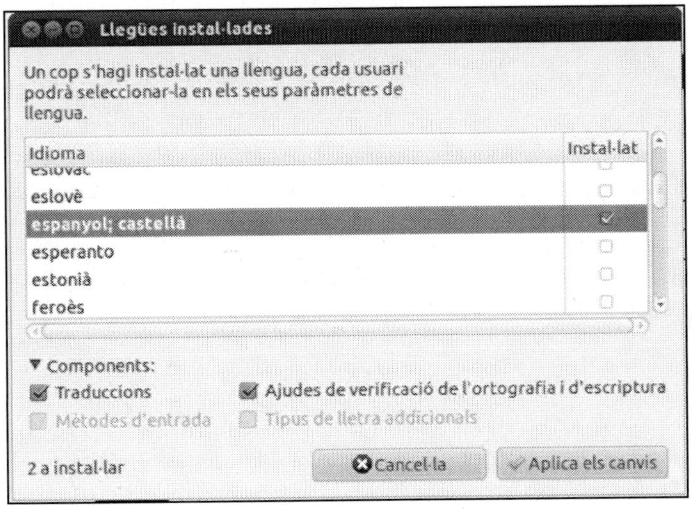

4. *Ens demanarà la nostra contrasenya, l'hi introduirem i començarà a descarregar els fitxers necessaris per traduir el nostre sistema a l'idioma seleccionat.*

5. *Un cop finalitzat el procés de descàrrega i d'instal·lació, apareixerà la finestra on es mostren els idiomes disponibles al sistema. Haurem d'ordenar-los perquè quedin amb el mateix ordre que mostra la figura següent.*

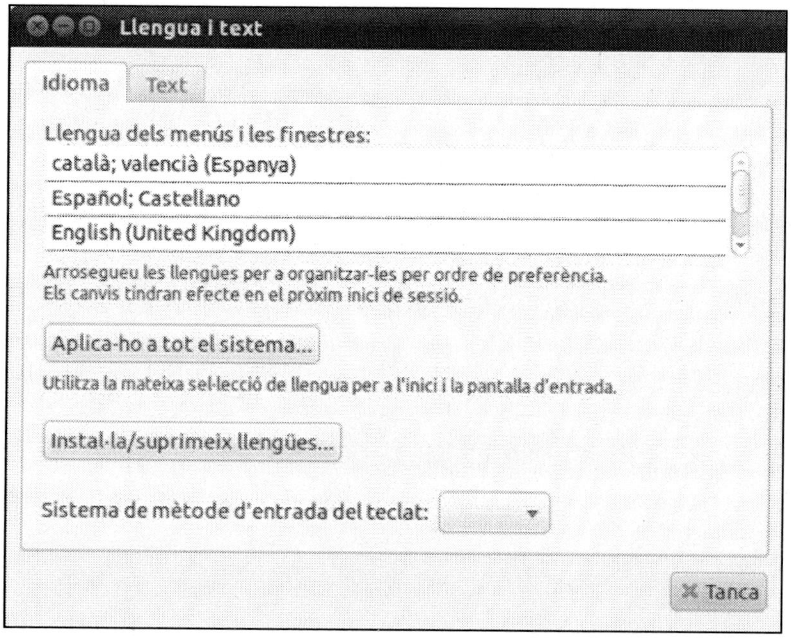

6. *Per aplicar aquests canvis als idiomes, l'únic que falta és fer un clic al botó* **Tanca**.